日本支石墓の研究
第1部　支石墓の概要

太田　新

海鳥社

遼寧省新金岩棚溝(中国)

黄海南道安岳郡路岩里(北朝鮮)

江華島(韓国)

撮影・写真提供/西谷正

全羅南道霊厳郡(韓国)

全羅南道高敞郡(韓国)

長崎県鹿町町大野台

撮影・写真提供／西谷正

刊行に寄せて

海の道むなかた館長・九州大学名誉教授　西谷　正

　思い起こしますと、39年前の昭和50年に、私たち当時の九州大学文学部考古学研究室では、東アジアの視野で弥生文化の形成過程を研究する一環として、九州の弥生時代墓制の研究に着手していました。それは、昭和50年度に、文部省科学研究費補助金による総合研究「東アジアにおける九州弥生時代墓制の研究」（研究代表者・岡崎敬教授）の採択を受けたものでした。その際に、研究分担者・河口貞徳氏を調査担当者として、1976年3月に、鹿児島県日置郡吹上町の入来遺跡の支石墓を調査しました。その後、1987（昭和62）年には、支石墓研究会を発足させて研究を深めてゆきました。そして、1992（平成4）と翌年の二度にわたり、私たちは小郡市史編集委員会の依頼を受けて、福岡県小郡市大板井遺跡所在の支石墓を発掘調査しました。こうしたいわば準備段階を経て、1994（平成6）から3カ年にわたり、支石墓の本格的な研究に着手しました。それは、文部省科学研究費補助金による基盤研究として行った「東アジアにおける支石墓の総合的研究」（研究代表者・教授・西谷正）でした。そこで、1988（昭和63）年の第7回をもって中断していた支石墓研究会を再開し、1996（平成8）年の第15回まで開催しました。

　その折に、1990年ごろから支石墓研究に取り組んでおられた太田新さんは、私たちの支石墓研究会に参加されるようになりました。太田さんは支石墓研究会はもちろん、各地で行う私の講演会などにも熱心にご参加いただきました。民間の研究者としての太田さんの真摯で謙虚な姿勢は、プロとしての私にとって大きな刺激となったばかりか、太田さんのご期待に応えるべく激励を受けたようにも思い出されます。

　日本の民族文化の一つである、稲作文化の体系を構成する重要な要素としての支石墓の現時点における全容が、太田さんの20数年という永年にわたる蘊蓄を傾けられたご研究の成果として、いま明かにされようとしています。

　さて、本書は二部構成になっています。書名は『日本支石墓の研究』となっていますが、第1部の「支石墓の概要」において、日本の支石墓の源流である朝鮮半島や、さらには中国大陸にも言及されています。そして、支石墓の研究史を踏まえて、型式分類・編年など、オーソドックスなアプローチの手順も踏んでおられます。何よりも各地の支石墓を網羅的に概観されていて、第2部の資料編とともに、今後の研究の進展に大きく貢献されることでしょう。

　このたび太田さんの著作の刊行にあたり、祝意とご尽力に敬意を表するとともに、多くの方々にご活用いただきますよう祈念してやみません。

2014年4月10日

日本支石墓の研究
第1部　支石墓の概要

目次

刊行に寄せて .... 西谷　正 5

朝鮮半島の支石墓について

支石墓について 11

朝鮮半島（遼東地域を含む）支石墓の概況 11

支石墓の分布　11　／　支石墓の型式と構造　13　／　支石墓の編年　15

わが国の支石墓について

支石墓の出現とその展開 19

水稲農耕文化の伝来 20

支石墓の推移 20

支石墓文化人と水稲農耕文化人　20　／　支石墓の構造と変遷　21　／支石墓に葬られた人々　22

支石墓の研究について 22

各地方の支石墓の概況

福岡県Ⅰ（糸島地方） 27

志登支石墓群　28　／　曲り田支石墓　28　／　新町支石墓群　29　／　長野宮ノ前支石墓　29
小田支石墓　30　／　石ヶ崎支石墓　30　／　三雲加賀石支石墓　31　／　木舟・三本松支石墓　31
石崎矢風支石墓　31　／　その他支石墓と称されているもの　32

福岡県Ⅱ（糸島地方を除く） 32

須玖（岡本）遺跡（王墓）　33　／　四箇船石支石墓　33　／　鹿部支石墓　33　／　畑田支石墓　33
朝田支石墓　34　／　石丸支石墓　34　／　南薫支石墓　34　／　羽山台支石墓　34
筑後平野のその他の支石墓参考地　35　／　粉ふき地蔵尊前のドルメン　35

佐賀県Ⅰ（唐津地方）……………………………………………………………………………… 36
　　　　徳須恵支石墓　37　／　葉山尻支石墓　37　／　五反田支石墓　38　／　割石支石墓　38
　　　　迫頭支石墓　38　／　瀬戸口支石墓　39　／　森田支石墓群　39
　　　　その他の宇木地区周辺の支石墓　40　／　大友支石墓　40
　　　　その他支石墓と伝えられているもの　41

　　佐賀県Ⅱ（佐賀平野）……………………………………………………………………………… 41
　　　　久保泉丸山支石墓群　42　／　黒土原支石墓群　43　／　礫石Ｂ支石墓群　44　／　香田支石墓　44
　　　　南小路支石墓　44　／　四本黒木支石墓　45　／　船石支石墓　45　／　報告書未刊の支石墓　46
　　　　未確認・参考地の支石墓　46　／　その他の支石墓参考地　48

　　長崎県………………………………………………………………………………………………… 48
　　　　宇久松原支石墓　49　／　神ノ崎支石墓　50　／　里田原支石墓　51　／　大野台支石墓　51
　　　　小川内支石墓　52　／　狸山支石墓　53　／　四反田支石墓　53　／　天久保支石墓　53
　　　　長崎県北部地域のその他の支石墓、同参考地　54　／　風観岳支石墓群　55　／　原山支石墓群　55
　　　　長崎県南部地域のその他の支石墓　56

　　熊本県………………………………………………………………………………………………… 57
　　　　年の神支石墓　58　／　塔の本支石墓　59　／　田底支石墓　59　／　藤尾支石墓群　59
　　　　梅ノ木支石墓　60　／　熊本県内のその他の支石墓参考地　60

　　鹿児島県……………………………………………………………………………………………… 61
　　　　明神下岡支石墓　61　／　下小路支石墓　61　／　入来支石墓　62　／　その他の支石墓参考地　62

　　山口県………………………………………………………………………………………………… 62
　　　　中ノ浜支石墓　62

支石墓の構造について

完形支石墓について………………………………………………………………………………… 65

上部構造について…………………………………………………………………………………… 65
　　　上石（撐石・蓋石）　65　／　支石（下石）　68

下部構造について…………………………………………………………………………………… 70
　　　蓋石　70　／　埋葬主体　71

まとめ………………………………………………………………………………………………… 81
　　　上部構造について　81　／　下部構造について　82　／　埋葬主体の分類について　83

日本支石墓の研究

第1部　支石墓の概要

朝鮮半島の支石墓について

支石墓について

　わが国西北九州に存在した支石墓は、日本列島に初めて水稲農耕文化が伝来したといわれる初期弥生文化形成期、時代的には弥生早期（縄文晩期後半）初頭に発生し、その水稲農耕技術を携えて渡来した人々の墓制（推定を含め）とも考えられている。
　しかも、その源流が主として朝鮮半島であることは、朝鮮半島各地で発見される支石墓の遺存状況から見て、ほぼ間違いない事実であろう。したがって、わが国の支石墓を考察する前に、まず朝鮮半島の支石墓の概況を把握し、さらに支石墓とは如何なるものかについて考えてみたい。
　韓国考古学会の重鎮金元龍氏は、支石墓について次のとおり述べている。[1]

　　　支石墓は、西半球では、北ヨーロッパに始まり西ヨーロッパ、地中海沿岸へと海岸に沿って伝播した巨石墳であって、近東、北アフリカ・イベリア半島海岸、イギリス、そして中部ヨーロッパのスイス地方の各地で発見される。
　　　東半球では、南部インド・華中から山東半島にいたる海岸地域・遼東半島、そして咸鏡北道を除いた韓国（朝鮮半島）全域と日本の北部九州に分布している。
　　　しかし韓国の支石墓は、ヨーロッパや中国海岸地域のそれと関連づけることは難しく、遼東半島から西北韓国にかけて自然発生的な存在であったと考えられる。あるいは、シベリア青銅器時代の墓制にみられる箱式石棺墓の思想が、形態を変えてこのような支石墓になったかもしれない。

　すなわち東北アジア地域で現在まで確認されている支石墓は、ほぼ紀元前1000年紀という限られた時期に、朝鮮半島を主に、北は遼東地域、南は主に西北九州地方だけに存在する特殊な墓制である。またこの時期には、支石墓のほかに石棺墓・石槨墓・土壙墓も併存していて、これらのなかで巨石の上石を用いる支石墓は、他の墳墓より上層の埋葬施設であるとも考えられる。

朝鮮半島（遼東地域を含む）支石墓の概況

支石墓の分布

▶遼東地域
　朝鮮半島の西北地方に接する中国東北地方の遼東地域には、石棚と称せられる卓子式（北方式）

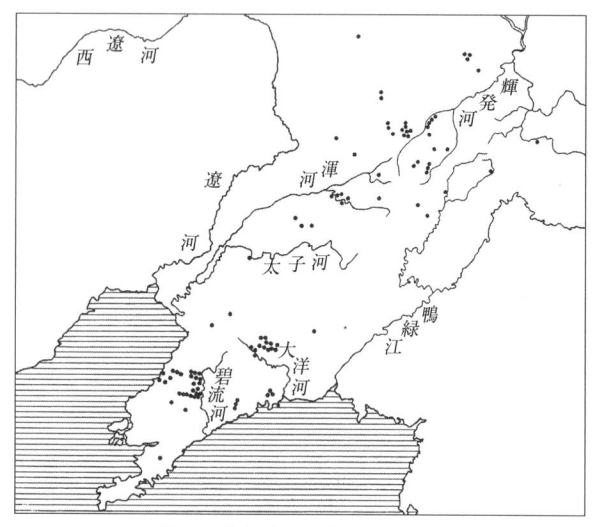

図1　遼東地域の支石墓分布図

支石墓の存在が古くから知られていた。

しかし近年になり許玉林氏などの調査(2)で、卓子式支石墓のほかに大石蓋墓という、いわゆる南方式支石墓もこの遼東地域で多数存在することが確認されてきた。またその一部は卓子式支石墓と混在することもわかってきた。

1997（平成9）年、九州大学宮本一夫氏の調査(3)によれば、「中国東北部の支石墓は100ヶ所に亘っており、その数316基に及ぶ。その内卓子式（石棚）は177基、大石蓋墓は139基存在している。主な分布の中心は（図1で示すように）、碧流河流域と大洋河流域の遼東半島と、渾河上流域や輝発河上流域である遼東内陸部である」とし、かつまた、その分布範囲は遼東地域に限られていて、遼河下流域や吉長地区あるいは遼東半島先端部には認められず、文化圏の区別が考えられるという。

▶朝鮮半島

朝鮮半島の支石墓は、半島の東海岸地方には少なく、半島の西北地方から中西部ならびに南部各地で確認されているが、破壊されたものや未発見のものも多数推定され、かつまた北朝鮮の事情も充分でないため、朝鮮半島全域については総合的に充分な把握がなされてないのが現状であるといわれている。

しかしながら近年特に嶺湖南地方（慶尚南北道・全羅南北道）では、ダム建設や開発工事に伴う事前調査で各地に支石墓が発見され、その全容が徐々に解明されつつある。

1997（平成9）年、熊本大学甲元眞之氏の調査(4)によれば、「1996年12月までに知りえた資料を基に作成した支石墓集成の結果を遺跡数で紹介すると次のようになる。

両江道1、咸鏡北道9、咸鏡南道22、慈江道5、平安北道12、平壌34、平安南道64、黄海北道71、黄海南道56、江原道80、京畿道109、忠清北道32、忠清南道63、全羅北道90、全羅南道935、済州道19、慶尚北道166、慶尚南道161（計1929遺跡）。このように支石墓は全羅南道の遺跡数が圧倒的に多い」

さらに他者の調査事例を引用され、「石光濬は（1994年）平壌周辺での支石墓の基数は数千基にも及び朝鮮における支石墓分布の中心地であると主張しているが、李栄文の試算（1993年）による全羅南道での支石墓の合計基数は16,569基に達し、全羅南道に隣接する全羅北道高敞郡一帯でも全栄来によれば（1991年）1000基以上の支石墓の存在が確認されている」という。

また全羅南道の支石墓については鄭漢徳氏によれば(5)、「全羅南道における支石墓の分布が1269群、総数11,453基に達することが明らかにされた。全羅南道の地域別分布状況からみると、半島南海岸地域が4118基、宝城江流域2190基、栄山江流域3364基、半島西海岸地域1781基の順に分布すること

が確認された。

　このことから全羅南道は支石墓が大規模に密集、分布した地帯であり、支石墓が長期に亘って存続していたことを示している」という。

　図2・3は甲元眞之氏が作成された支石墓分布図であるが、黒点の1点は北朝鮮では「郡」単位、韓国では「面または里」単位で遺跡数を示されたものである。

　したがって、朝鮮半島の全支石墓数の確かなものは不明であるが、一般的に言われている東北アジアの推定総数約4万基の大部分が朝鮮半島に分布していることがほぼ推定される。

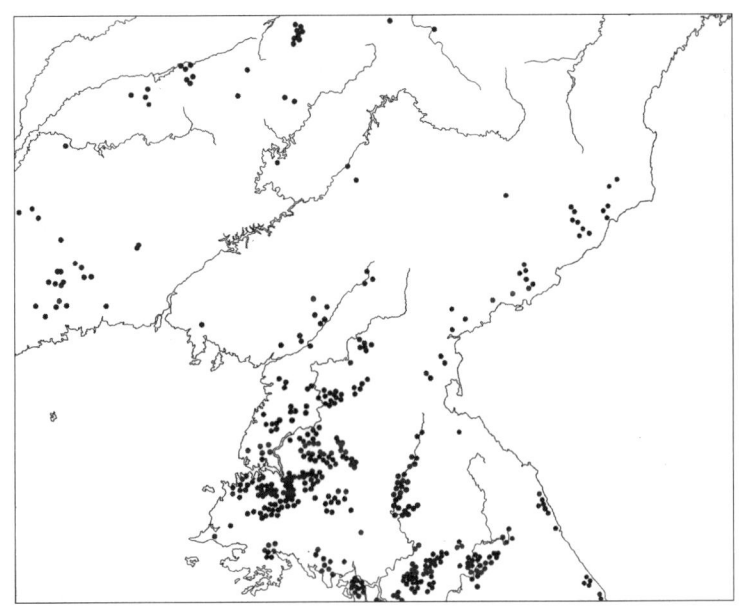

図2　朝鮮半島北部の支石墓分布

支石墓の型式と構造

▶型式分類の変遷

　朝鮮半島に分布する支石墓の型式分類については、最近の論調によれば、外見上の構造的特徴から大きく分けて、卓子式（北方式）・碁盤式（南方式）ならびに蓋石式（南方式・無支石式）に三分されるという。

　しかしながら現在でも、卓子式・碁盤式・蓋石式の代わりに、北方式と南方式を用いる学者も見受けられる。

　なお、北方式・南方式の名称については、卓子式が中国東北部や朝鮮半島北部に主として分布していることから、碁盤式などの南方式と地域的な形式差があるものとして用いられたものである。その後北方式（卓子式）が南朝鮮各地に多数存在することが確認され、

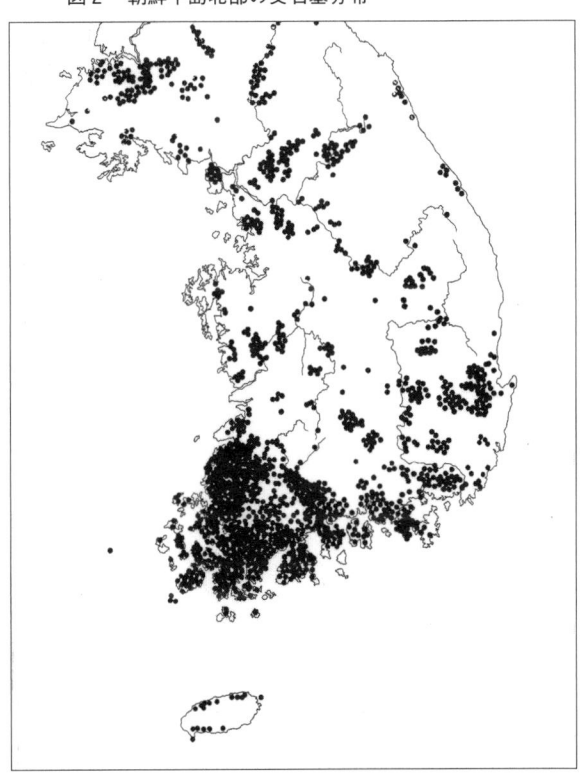

図3　朝鮮半島中南部の支石墓分布図

かつまた南方式といわれた碁盤式や蓋石式が北朝鮮にも多数あることがわかってきた。また中国東北部でも、卓子式の石棚と蓋石式の大石蓋墓が存在することも前述のとおりである。

　さらに北朝鮮の学者では、当初北方式（卓子式）を支石墓の典型的なものとして、その他の支石

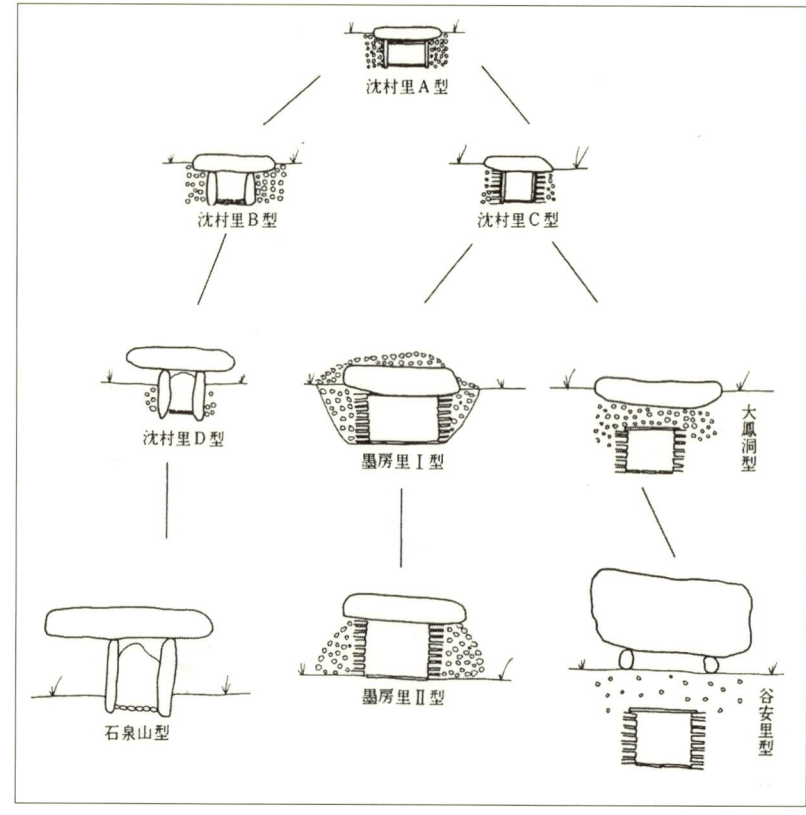

図4　支石墓変遷図

墓を変形式（南方式）と称したが、その後変形式を碁盤式と蓋石式に分けた経緯などもある。

以上の経緯から、北方式・南方式の代わりに卓子式・碁盤式・蓋石式が一般的に用いられるようになったと思われる。

また一方では、支石墓の構造が複雑で、上記の三分類に律しきれるものでなく、多様な型式の支石墓が存在するため、発見された地名を用いた型式分類も発表されている。

即ち、沈村（里）型・大鳳洞型（以上蓋石式）、石泉山型（卓子式）、谷安里型（碁盤式）[7]、あるいは沈村（里）型（蓋石式と碁盤式）と五徳（里）型（卓子式）[8]などの分類名称が用いられている。

上記について甲元眞之氏は、支石墓の上石の重量を支える機能に論点を絞り、支石墓の構造上の変化を追求し、「支石墓変遷概念図」（図4）を作成された。

沈村里キン洞支石墓群の沈村里A型を最古のものとし、それが時代とともに図4のとおり変遷して、卓子式・蓋石式・碁盤式に発展していったと考えられたのである。

以上のほか、各種の型式分類が発表されているが、その後も支石墓の発掘が相次ぎ、韓国考古学会ではまだ統一されたものがないのが現状といえる。

▶三型式の特徴

前述の卓子式・碁盤式及び蓋石式の各支石墓の典型的な構造については、鄭澄元氏[9]ならびに河仁秀氏[10]などによれば、次のように考えられる。

①卓子式（北方式）支石墓

主として朝鮮半島西北地方ならびに遼東半島地方に分布し、地上に4枚の板石で石棺形の埋葬主体をつくり、その上に上石を置く型式である。なお全栄来氏によれば、典型的な卓子式（石棺形）[11]のほかに、主として朝鮮半島南部地方に分布する地上石槨式と地上囲支石式が認められるという。

②碁盤式（南方式）支石墓

14　支石墓の概要

主として朝鮮半島南部地方および西北九州に分布し、蓋石式支石墓やその他の墳墓群と混在する場合もあるが、一般的には低丘陵上の頂上部か斜面に単独あるいは数基ずつ存在している。構造上、地上に上石を支える支石を有し、地下に埋葬主体をつくるものである。なお、埋葬主体は石棺形・石槨形・土壙形などに分類される。

　しかし1993年発掘調査された慶尚南道・昌原徳川里支石墓（１号墳）では、地下4.5メートルの墓壙に石槨・木棺を用いた埋葬主体が確認され[12]、今後埋葬主体の分類もさらに検討の余地があるものと思われる。

③蓋石式（南方式・無支石式）支石墓

　蓋石式支石墓は、朝鮮半島全域および中国東北部遼東地域に分布し、主に河川のそばの沖積台地や平野及びなだらかな低丘陵上にあり、数基あるいは数十基ずつ群集している。

　構造上、上石の下部に支石がなく、埋葬主体は地下形と地上形に大別される。

　地下形は、埋葬主体を当時の文化層あるいは敷石面より下の地下に築造し、敷石を敷いて墓域を造成しているのが特徴である。埋葬主体の構造は、石棺形・石槨形・土壙形・囲石形などあるが、大部分は石槨形である。

　地上形は、当時の文化層あるいは墓域設置面と同一平面地上に埋葬主体を積石状に築造するもので、蓋石がなく上石がその役割を果たしている。また埋葬主体の構造は、石棺形もあるが大部分は類似石槨形である。

支石墓の編年

▶支石墓型（形）式の前後関係

　遼東地域を含む朝鮮半島にある支石墓の編年については、1991年に全栄来氏が「北方式・南方式、または卓子形・碁盤形に大別されてきたが、その発生系譜、北方式と南方式の相関関係、編年感など、なお多くの議論の余地を残している」[13]と言われるように、その型（形）式分類と共に定説が確立していないのが現状である。

　近年の研究成果によれば、型式は前述のようにほぼ三分類されているが、これらの型式は発生当初から分類されていたものではなく、ある一定の型式から生成発展したものであるといわれている。

　その端的な説が、北方式が先行しその発展過程でその一部が南方式（蓋石式あるいは碁盤式）へ変化したものであるという説と、南方式（蓋石式）が先行してその地下形から地上形へ変化する過程で卓子式が派生し、一方では蓋石式の地下形が碁盤式へ変化していったという説である。

　戦前は北方式が古いという考え方が支配的であったが、戦後になり各地での支石墓の発掘調査とその研究成果で、南方式（蓋石式）が先行するものであるとの説が続出し、両者についての議論も盛んになった。なお、1970年代までの朝鮮半島における支石墓の研究動向は、甲元眞之氏の「朝鮮支石墓の再検討」[14]ならびに田村晃一氏の「その後の支石墓の研究」[15]に詳しく紹介されている。

　1980年・90年代になると、特に朝鮮半島南部地方の開発発展に伴い、各地で多数の支石墓発掘調査も行われ、かつまた支石墓に副葬された土器・磨製石器・磨製石鏃などの遺物の編年研究、あるいは各地の支石墓の構造比較なども検討され、その結果、支石墓の編年について数多くの研究成果が発表されるようになった。

これらを総括してみると、蓋石式（南方式・沈村型）が先行し、その発展過程において、一部地域（特に西北地方）では卓子式（北方式・石泉山型・五徳型）が派生し、また一方では蓋石式から碁盤式に変化していったという説が大勢を占めているように見受けられる。

　しかしながら、一方では最近でも、全栄来氏や沈奉謹氏などのように、北方式が先行するという考え方を述べられている説もある。また中国の許玉林氏は遼東半島の石棚・大石蓋墓について、「両者の間には一種の変化・発展過程、すなわち石棚から地下の大石蓋墓への過程が存在したと考えられる[17]」とし、宮本一夫氏も遼東地域では石棚が大石蓋墓より先行すると考えられている。

▶支石墓築造の時代感

　朝鮮半島の支石墓がいつ頃築造されたものであるかは、わが国西北九州の支石墓の発生時期との関連において最も関心がある点ではあるが、現時点では解明にいたっていないのが実情であると思われる。

　朝鮮半島の支石墓を、その時期を最も古く考えられたのは、石光濬氏である。西北地方の支石墓について、沈村（里）型1類はB.C.2000年中葉、同2類はB.C.2000年後半期中葉、同3類はB.C.2000年末、終末期の同5類はB.C.7～6世紀頃と推定されている。

　また田村晃一氏は、西北朝鮮の支石墓の造営時期はB.C.2000年末頃、終末はB.C.5～4世紀頃と考えるのが最も妥当なところであろうと述べられている。

　これに対し全栄来氏は、「沈村里1・2型支石墓を前2000年紀に決定づけるのは不合理である。中国銅剣文化の編年を援用すれば、西北地方の北方式支石墓は西周末～春秋初めに発達し、戦国時代早期にわたって展開していったとみられる[18]」として、支石墓の時期を遅らせている。さらに「遼東半島の卓子型支石墓は、韓半島西北地方で進化した〈五徳型〉が逆流したという可能性も否定できない」とも述べられている。

　なお許玉林氏は、遼東半島の石棚について、「その上限は商・周時代まで遡り、下限は戦国時代を下ることはない。およそ今から3000年から2500年ほど前であろう[19]」とし、大石蓋墓も近接した同時期と考えられるという。

　これに対し宮本一夫氏は、最近の調査による土器・遺物などから、「年代的に卓子式支石墓が上馬石A地点下層期の西周時代、大石蓋墓が上馬石A地点上層期～上馬石BⅡ区期の春秋～戦国前半に相当する[20]」とし、いずれも前1000年紀内と考えられている。

　一方朝鮮半島の南部地方では、蓋石式ならびに碁盤式が主であるが、近年続々と発見される支石墓（群）の調査成果や、その構造の多様性とその分類について、様々な意見が発表されている。しかしながら、それらの編年あるいは築造の年代については、まだ統一されたものがないのが現状のようである。

　1994年に発表された河仁秀氏によれば、嶺南地方（慶尚南北道）の支石墓は、「無文土器時代前期前半頃から出現し、中期前半に盛行期を迎え、中期末乃至後期初めまでに連続して築造された[21]」と推定されるという。

※朝鮮半島南部地方の無文土器実年代については、韓国考古学会でも統一されたものはないが、李健茂氏の「韓国（中部以南地域）無文土器の編年」（『日韓交渉の考古学・弥生時代篇』六興出版、1991年）によれば、無

文土器前期は B.C.700年～500年、中期は B.C.500年～350年、後期は B.C.350年～150年頃と推定されている。したがって、中期前半の支石墓最盛期は、わが国（北九州）では弥生早期に相当する時期とも考えられ、水稲農耕文化が伝来した時期でもあり、それと同じ時期に支石墓も西北九州に伝来してきたものと推定される。（表1参照）

註
（1）金元龍「墓制・支石墓」（『韓国考古学概説』六興出版、1984年）
（2）許玉林「遼東半島石棚之研究」（『北方文物』遼寧省文物考古研究所、1985年）ほか
（3）宮本一夫編「中国東北地方の支石墓」（『東アジアにおける支石墓の総合的研究』九州大学考古学研究室、1997年）
（4）甲元真之「朝鮮半島の支石墓」（『東アジアにおける支石墓の総合的研究』九州大学考古学研究室、1997年）
（5）鄭漢徳「東アジアの稲作農耕・支石墓」（『新版「古代の日本」2』角川書店、1993年）
（6）甲元真之「東アジアの支石墓」（『福岡からアジアへ』西日本新聞社、1996年）
（7）甲元真之「朝鮮支石墓の再検討」（鏡山猛先生古稀記念論文集刊行会編・刊『鏡山猛先生古稀記念古文化論攷』、1980年）
（8）石光濬「我国西北地方支石墓に関する研究」（『考古民俗論文集第7輯』科学百科事典出版社〈北朝鮮〉、1979年）
（9）鄭澄元「墓制―韓国支石墓」（『日韓交渉の考古学・弥生時代篇』六興出版、1991年）
（10）河仁秀「嶺南地方支石墓の型式と構造」（『古文化談叢第32集』九州古代文化研究会、1994年）
（11）全栄來「朝鮮半島支石墓の型式学的展開」（『九州考古学第66号』九州考古学会、1994年）
（12）李相吉「昌原徳川里遺跡発掘調査概要」（『古文化談叢第32集』九州古代文化研究会、1944年）
（13）は（11）に同じ
（14）は（7）に同じ
（15）田村晃一「その後の支石墓研究（第1）―朝鮮民主主義共和国の場合」（『三上次男博士喜寿記念論文集・考古編』平凡社、1980年）
（16）沈奉謹「座談会・海を渡った古代墓制」（『東アジアの古代文化79号』大和書房、1994年）
（17）は（2）に同じ
（18）は（11）に同じ
（19）は（2）に同じ
（20）は（3）に同じ
（21）は（10）に同じ

掲載図出典
図1　宮本一夫「中国東北地方の支石墓」（『東アジアにおける支石墓の総合的研究』九州大学考古学研究室、1997年）
図2・3　甲元真之「朝鮮半島の支石墓」（『東アジアにおける支石墓の総合的研究』九州大学考古学研究室、1997年）
図4　甲元真之「朝鮮支石墓の再検討」（『鏡山猛先生古稀記念古文化論攷』1980年）

表1　朝鮮半島中部以南地域の編年と北部九州の時期　　　　　　＝は使用が確認されている時期、‥は使用推定期を表す

時　　期	前　　期	中　　期	後　　期	末　　期	(原三国)	備　考
年代（B.C.）	700　600　500	400	300　200	100	0　100	
コマ形土器　I 　　　　　　II	＝＝＝＝ ‥‥‥　＝＝＝＝					二重口縁 単口縁をもつものあり
口唇部刻目土器　I 　　　　　　II	‥‥‥‥　＝＝＝＝　‥‥‥‥ ‥‥‥　＝＝＝＝　‥‥‥					口縁部に短斜線文
孔列文土器　I II III IV	＝＝＝＝　＝＝＝＝　＝＝＝＝　‥‥ ＝＝＝＝　＝＝＝＝ ‥‥　＝＝＝＝ ‥‥‥					口縁部に短斜線文 口唇部に刻目文II、 III類の複合
赤色磨研土器	＝＝＝＝　＝＝＝＝　＝＝　＝＝					
松菊里型土器	＝＝＝＝　‥‥‥					
彩文土器	＝＝＝＝　＝＝					器表面にナスビ文様
粘土帯土器　I 　　　　　II		‥‥　＝＝　＝＝＝＝　‥‥‥	‥‥　＝＝　＝＝＝＝	‥‥		断面円形の口縁 断面三角形の口縁
黒色土器		＝＝＝＝　＝＝＝＝	＝＝＝＝			
環形把手付土器　I 　　　　　　II		‥‥　＝＝ ‥‥‥　＝＝＝＝	＝＝＝＝	‥‥		三角形状の牛角形 把手
牛角形把手付土器		‥‥　＝＝＝＝	＝＝＝＝			
高坏形土器		‥‥　＝＝＝＝	＝＝＝＝			
甑形土器			‥‥　＝＝＝＝　‥‥			
朝鮮半島 中部以南の 主な遺跡	玉石里 　駅三洞 　　欣岩里 　　　老圃洞	休岩里 　松菊里 　　大坪里 　　　長川里 　　検丹里	水石里 　槐亭洞 　　校成里 　　　沙村里	勒島 　燕厳山 　　半夜月 　　　茶戸里		
朝鮮半島 中部以南の 主な遺物 （土器以外）	二段柄（有段柄） 式磨製石剣 二段茎式石鏃 三角湾入石鏃 扁平片刃石斧	一段柄（無段 柄)式磨製石剣 柳葉形有茎式 石鏃 交刃石包丁 抉入石斧 遼寧式銅剣	石製無茎三角鏃 細形銅剣 粗文鏡 精文鏡 （細文鏡） 細形銅矛 細形銅戈	形式化された 銅剣銅矛銅戈 鉄斧、鉄刀子 鉄剣、鉄矛 鉄戈 前漢鏡		
北部九州の時期	縄文時代晩期			弥生時代		
	（前半）／中頃	後半　（弥生早期）	前　期	中　期	後　期	
年代　B.C.	700　600	500　400	300　200	100　0	100　200	
北部九州の 土器形式	広田式 貫川式	黒川式　(曲り田式) 礫石原式　山ノ寺式 宮の本式　夜臼I式 　　　　　夜臼II式	板付I式 板付II式 高槻式 亀ノ甲式	城ノ越式 須玖I式 須玖II式	高三潴式 下大隈式 （原ノ辻上層式） 西新式	
北部九州の遺跡	広田 入部 貫川 下吉田	野多目 長行 貫川 徳力	山ノ寺、原山 菜畑　宇木汲田 曲り田　志登 新町　藤崎 有田七田前　板付 　　　諸岡 夜臼　伯玄社 雀居　今川 江辻	原ノ辻 吉武高木 有田 板付田端 柚比本村	桜馬場 三雲南小路　　平原 井原鑓溝 吉武樋渡 須玖岡本　　須玖坂本 赤井手　　須玖永田 東小田峯　　五反田 立岩堀田	
北部九州の 主な遺物 （大陸系で初見のもの）		孔列文土器 籾痕土器	彩紋土器 丹塗磨研土器 壺、高坏 有柄式石剣 柳葉形有茎式石鏃 石包丁 蛤刃石斧 扁平片刃石斧 抉入石斧 板状鉄斧 炭化米 木製農具（平鍬、鋤、諸手鍬、エブリ、竪杵）	多紐細文鏡 銅鏃 銅鑿 鉄鏃	前漢鏡 小型ぼう製鏡 細形銅剣 細形銅矛 細形銅戈	後漢鏡 鉄剣 鉄矛 鉄戈 素環頭鉄刀	

本表は、李健茂氏の韓国無文土器の編年試案（『日韓交渉の考古学・弥生時代篇』六興出版、1991年）に、下半部を筆者が仮説として付加したものである。

わが国の支石墓について

支石墓の出現とその展開

　わが国の支石墓は、弥生時代の夜明け前にあたる縄文晩期後半、即ち弥生早期に、西北九州という限られた地域だけに出現する墓制である。なお弥生中期には、筑後地方から熊本県の北部地方にも及んでいる。また支石墓は、従来の縄文文化のなかから発生したものでなく、主として朝鮮半島から伝来した新しい墓制であるといわれている。

　各地域の主な注目すべき支石墓遺跡は次のとおりである。

糸島地方：志登支石墓群・新町遺跡・長野宮ノ前遺跡・曲り田遺跡
唐津地方：葉山尻支石墓・森田支石墓群・大友遺跡
佐賀平野：久保泉丸山遺跡・礫石Ｂ遺跡・黒土原遺跡・船石遺跡
長崎県北部：宇久松原遺跡・大野台遺跡・小川内支石墓・狸山支石墓
長崎県南部：風観岳支石墓群・原山支石墓群
熊本県北部：藤尾支石墓群・梅ノ木遺跡

　上記のほか、各地域で多数の支石墓が発見され、発掘や確認調査が行われている。
　以上の各支石墓（群）の発掘調査などにより、西北九州における支石墓造成の時期について漸く解明されてきた。
　最も古いと思われるのが、弥生早期（山ノ寺式期）からのわが国最大の支石墓群（118基）が発見された久保泉丸山遺跡、また弥生早期から古墳時代前半にわたり、支石墓（11基）をはじめ各種の墓石群で総数200基余の大友遺跡、それに次ぐ規模の弥生早期（曲り田式期）からの新町遺跡、及び弥生早期の方形住居跡（夜臼式期）と小型支石墓（曲り田式期）の曲り田遺跡、ならびに夜臼式期の支石墓と共に同時期の木棺墓・土壙墓が併存していた長野宮ノ前遺跡などである。なお100基を超える大支石墓群を擁していたといわれる原山支石墓群は、調査以前にほとんどが開拓などにより破壊されており、かつまた古い時期のものもあったといわれているが不明である。
　上記の発掘調査成果により、支石墓伝来の始期が弥生早期初頭（前5世紀頃）であることがほぼ明確となった。
　しかしながら、より早く発見された唐津地方や長崎県地方の各支石墓（群）遺跡については、弥生早期（夜臼式期）からのものであると考えられているが、大部分の遺跡が部分的な発掘調査や遺跡確認調査に留まっているため、その始期（造成時期）については明確でない。
　なお、韓国東亜大学校教授沈奉謹氏は、朝鮮半島から日本への支石墓の伝来時期については、

「韓国では支石墓が蓋石式から碁盤式に変化し、埋葬主体が石棺あるいは石槨ができる段階、即ち日本にコメが入る時期で、韓国では前5世紀から4世紀の間と考えられる」[22]との主旨を述べられている。

このことは、支石墓の埋葬主体に箱式石棺が多い長崎県地方でも、弥生早期の初頭に支石墓が西北九州へ伝来したことを示唆しているものと思われる（図5）。

水稲農耕文化の伝来

支石墓が出現する弥生早期のほぼ同時期に、北部九州の玄界灘沿岸には水稲農耕文化が伝来してきたことも解明されつつある。わが国最古（山ノ寺式期）の水田や農耕具が発見された唐津地方の菜畑遺跡、夜臼式期の水田や農耕具が発見された福岡平野の板付・野多目遺跡などでは、従来の縄文系とは異なる農耕具やその製作に用いられた大陸系磨製石器類が随伴して出土している。

また福岡平野の雀居遺跡からは、古い時期の夜臼式期層から弥生時代の農具と変わらないものがセットで、ほぼ完形で出土している。同じ江辻遺跡からは、一つの部落を構成したと思われる松菊里Ⅱ型の円形住居跡群が発見され、同時に大陸系の磨製石器類も出土した。さらに長崎県北松浦郡の里田原遺跡からは、夜臼式期の水田が確認されたことが報ぜられている。

これらのことを総合すれば、水稲農耕文化は弥生早期には北部九州の一部地域にはすでに定着していたと推定される。またそのきざしは、支石墓と同様に弥生早期初頭に、北部九州沿岸に伝来してきたことが実証されつつある。

支石墓の推移

支石墓文化人と水稲農耕文化人

もともと墓制が保守的で伝統的なものである点から考えると、弥生早期に支石墓が西北九州に出現したということは、従来の土壙墓を主とする墓制の縄文文化社会のなかに、新しい支石墓文化という墓制を持った人々が渡来して来たことを意味している。

また水稲農耕には、従来の畑作農耕と異なり、水田作りから種まきや刈り入れなど、水稲農耕について長年の技術の蓄積と農耕具が不可欠である。したがって、これらの技術と道具（石包丁をはじめ大陸系磨製石器類や木製農耕具など）を持った人々が渡来してきたと考えられる。

しかも支石墓（群）が小平野周辺の低丘陵上に点在することからも、両者はほぼ同時期に渡来してきて定着し、共同生活を営んだということも推定される。したがって、両者は同一人とも考えられるが、次の諸点から見ると一概に肯定できない。

①弥生早期の初期には、水稲農耕は北部九州地域全般に見受けられるのに対し、支石墓は西北九州

地域に限定され、それ以後も東北九州には見当たらない。

② 長崎県地方の支石墓の大部分は、周辺に水田に適した小平野はなく、当時海上交通の要衝にあたる海岸や河口寄りの丘陵地や低高地に支石墓が造営されている。

③ 支石墓だけの独立墓域もあるが、総体的には土壙墓や木棺墓あるいは箱式石棺墓などと併存していることが多く、そのなかで支石墓は構造上からも中心的な存在を示している。弥生前期末以降の支石墓消滅期になると、甕棺墓群と混在するが、支石墓は1～数基程度で、下部の埋葬主体も甕棺に変わってくる。

④ 水稲農耕文化はいち早く九州南部や日本列島を北上して伝播しているが、支石墓文化は西北九州内に留まり、弥生中期の消滅期に一部は九州中南部に伝播しているに過ぎない。

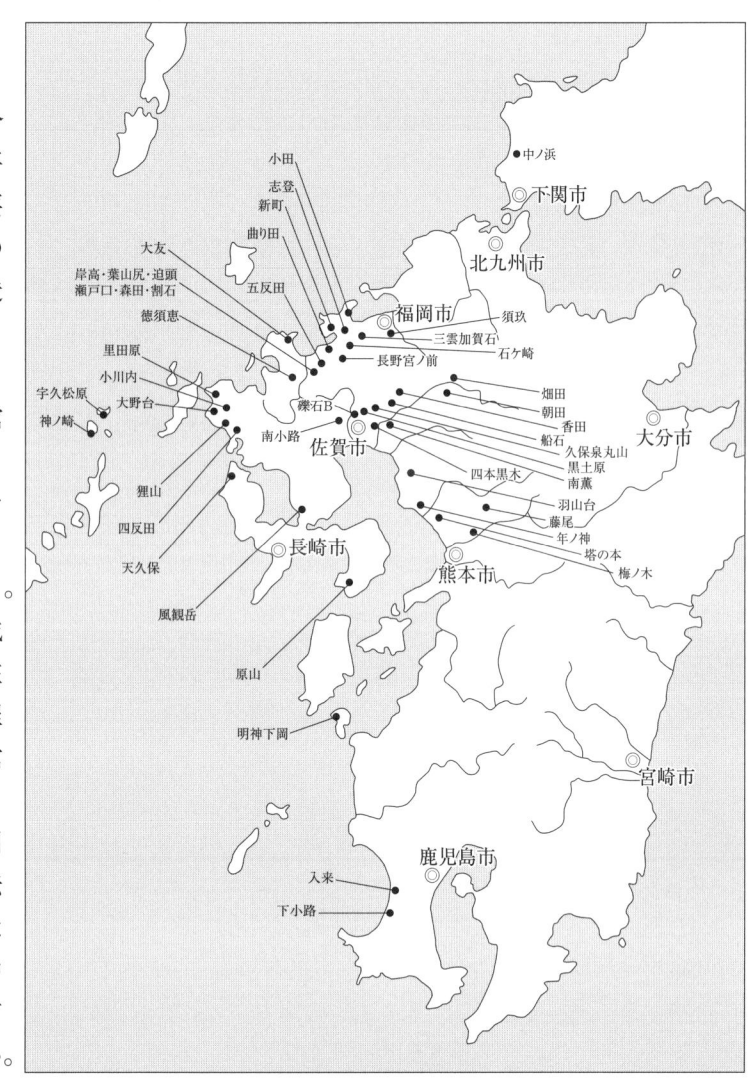

図5　わが国の支石墓所在地一覧

　以上の諸点を考察すると、支石墓に葬られた人々と水稲農耕民は同一人とは思われず、当時の支石墓の造営力などを考えると、支石墓に葬られた人はその社会に住む一般の人々より若干の階級差があった人とも推測される。

支石墓の構造と変遷

　わが国に伝来した弥生早期から前期中頃までの初期の支石墓は、現在までに発見されている状況からみると、前述のとおり唐津・糸島地方と佐賀平野ならびに長崎県の西海岸沿いのいわゆる西北九州に限定されていて、しかも支石墓の全盛期は弥生早期の終わりごろ、即ち夜臼式期の後半頃であったと思われる。

　また、わが国で造成された支石墓の上部構造は、下部構造が一部の石囲式を除いては南朝鮮の碁盤式であると思われる。さらにその下部構造の埋葬主体は、土壙・木棺・箱式石棺・石室・石囲

い・配石・甕（壺）棺など多様である。（「支石墓の構造について」参照）

初期の支石墓の埋葬主体（下部構造）は各地方ごとに異なり、玄界灘沿岸の唐津・糸島地方は土壙・木棺・配石、佐賀平野は石蓋土壙（木棺を含む）、長崎県地方は箱式石棺が主体であるなどとほぼ区分けされるが、長崎県の南部地方では土壙の比率も多くなる。

なお弥生前期後半頃から、長崎県の西海岸の島々をのぞいて、次第に甕棺へ移行してゆく。

弥生早期に西北九州各地の独立墓域に造営された支石墓群は、弥生前期に入ると漸減し、さらに弥生前期末から中期になると甕棺墓や土壙墓あるいは箱式石棺墓群のなかに1～数基存在するという墓群構成に変わる。また弥生中期の入ると、筑後平野から熊本県・鹿児島県と南九州に拡散するが、それも小規模のもので、やがて中期末になると消滅してしまう。

なお例外的に、五島列島の神ノ崎遺跡や鹿児島県長島の明神下岡遺跡などで発見された、板石積石室墓の祖形とも考えられる積石墓的な支石墓が、弥生中期に存在していることが、元長崎県教委の正林護氏も指摘され[23]、支石墓の変遷が注目される。

支石墓に葬られた人々

わが国の支石墓の推移を考察すると、弥生早期初頭に西北九州に伝来し、弥生早期の終わりごろに全盛期を迎える。しかし弥生前期に入ると支石墓は漸減し、その中頃までに支石墓の集団墓はなくなる。なお前期末から中期の支石墓は、他の墓群と混在するが、なおその墓群の中心的存在を示している。それもやがて中期末には消滅してしまう。

以上のわが国における支石墓の推移を考察すると、弥生早期に支石墓という独自の墓制を持って渡来してきた人々が、数代を経ずして滅亡したか、あるいは他の墓制を持った人々に同化されてしまったことを示すものと言える。

支石墓文化を支えた渡来人は、弥生早期から中期の弥生社会において、如何なる役割を果たしたのであろうか。

今後も新に支石墓の発見が続くものと思われるが、発掘調査などの実証的な研究と共に、併せて支石墓文化人の探求も要望される。

支石墓の研究について

わが国の支石墓の研究については、支石墓の所在が日本列島のなかでも西北九州およびその周辺地域だけであり、かつまた弥生早期から弥生中期までの限られた時期に造営された墓制であることや遺物が少ないこともあって、日本考古学会でも総体的にみて関心が薄いように見受けられる。

しかしながら、支石墓が弥生文化形成の一要素（森貞次郎氏ほか）として考えられ、水稲農耕など弥生文化の研究のなかで、特に北部九州地区では地味ではあるが支石墓の研究が進められてきた。

その研究の歴史を紐解いてみると、わが国の支石墓研究の端緒は、1923（大正12）年、中山平次郎氏が、須玖・鹿部・大板井の支石墓を「原始墳上の大石」として紹介された、「筑後国三井郡小郡村大字大板井の巨石」[24]といっても過言でない。

その後1930（昭和5）年、梅原末治氏が須玖遺跡の再発掘調査結果を発表され、大石の地下の甕棺から出土した青銅器類などの遺物から、南朝鮮の支石墓との関連について注目されるにいたった。

さらに1942（昭和17）年には、鏡山猛氏が「原始箱式棺の姿相（二）」（『史淵』第27輯）と題し、支石墓を弥生墳墓の一形式として、糸島の小田や唐津の徳須恵の支石墓について言及されている。

戦後になり、初めて正式の支石墓学術調査として注目されたのは、1952（昭和27）年、原田大六氏が発掘調査をされた「福岡県石ヶ崎の支石墓を含む原始墓地」である。

なお、八幡一郎氏は、同号に「北九州ドルメン見聞記」を寄稿され、北部九州の支石墓を紹介されている。

その後、考古学会の注目を浴びた唐津の葉山尻支石墓および糸島の志登支石墓群や、それまでに発見された各支石墓の学術調査の成果を総括して、1956（昭和31）年、鏡山猛氏は「九州における支石墓」を、1957年松尾禎作氏は『北九州支石墓の研究』を発表されている。

特に松尾禎作氏の労作は、唐津地方を主に北九州および熊本県などの周辺地域の支石墓やその参考地の資料を網羅し集成したものである。

昭和30年代以降になると、熊本県を含め西北九州の各地で支石墓の発見が相次ぎ、発掘調査や確認調査も行われ（表2「我が国の支石墓関係年表」参照）、その成果にもとづき、次のとおり各氏の研究論文が発表された。

1969（昭和44）年　森貞次郎氏「日本における初期の支石墓」（『金載元博士回甲記念論叢』）
1976（昭和51）年　下篠信行氏「韓からとんできた石」（『北部九州の古代文化』森貞次郎編）
1978（昭和53）年　甲元眞之氏「西北九州支石墓の一考察」（熊本大学法文学会『法文論叢』第41号）
1980（昭和55）年　岩崎二郎氏「北部九州における支石墓の出現と展開」（『鏡山猛先生古稀記念古文化論攷』）
1984（昭和59）年　藤田等氏「支石墓と配石墓」（『考古学』第9号）
1986（昭和61）年　多々良友博氏「佐賀平野における支石墓について」（佐賀県教委『久保泉丸山遺跡』佐賀県文化財調査報告書第84集）
1987（昭和62）年　岩崎二郎氏「支石墓」（『弥生文化の研究—8』雄山閣）

以上の各氏の論説は、いずれもその1・2年前までの支石墓の調査成果や資料に基づくものである。しかしながら、それ以降も支石墓の発見や各支石墓遺跡の調査報告書が公表され、さらに表2で示すとおり、わが国最大の支石墓群を擁する久保泉丸山遺跡をはじめそれに次ぐ新町遺跡、原山支石墓群の再調査あるいは北は五島列島の神ノ崎遺跡から南は鹿児島県長島の下岡明神遺跡など、過去の支石墓の概念を大きく変えるような重要な支石墓遺跡の存在がわかってきた。

以上の推移を踏まえ、九州大学考古学研究室（当時の代表者西谷正教授）では、1987（昭和62）年、支石墓研究会を発足させ、中途で一時中断することもあったが、支石墓研究者を結集して15回に及ぶ共同研究会を開いた。1997（平成9）年、その成果をまとめて発表されたのが、『東アジアにおける支石墓の総合的研究』である。

しかしながら、同書は遼東地域・朝鮮半島を含めた支石墓について貴重な最新の資料を含んでいるが、残念ながらわが国の支石墓の全容を網羅しているとは言いがたい。

　なお、九州大学考古学研究室（代表者宮本一夫教授）が「弥生墳墓の発掘調査」の一環として、大友遺跡の第5次（1999年）第6次（2000年）調査を行った。その結果、弥生早期から弥生前期末にかけての支石墓の下部構造が、時代の推移と共に、朝鮮半島南部に見られる石槨墓（配石土壙）の床面や壁面の密な配石が徐々にまばらなものに変化する退化傾向が認められ、さらに甕棺墓への変遷過程が判明した意義が大きい。

　さらに、韓国では各地の開発に伴う遺跡の発掘調査が進むなかで、多数の支石墓の発見による研究も盛んになり、かつまた中国においても東シナ海沿岸地方に支石墓の発見もあり、わが国の水稲農耕と共に支石墓の源流についても、わが国の内外から関心が高まってきている。

　これらの現状から、わが国の支石墓について改めて全容を考察し、さらに遼東半島や朝鮮半島および中国との関連を含め、総括的な研究が必要であると思われるが、とりあえず本論ではわが国の支石墓の現況にとどめた。

註
(22)「座談会・海を渡った古代墓制」（『東アジアの古代文化』79号、大和書房、1994年）
(23)「西北九州の板石積石室墓」（『古文化談叢』第30集上、九州古文化研究会、1993年）
(24)『考古学雑誌』13巻10号、日本考古学会、1923年
(25) 京都帝国大学編『筑前須玖史前遺跡の研究』刀江書院、1930年
(26)『考古学雑誌』38巻4号、日本考古学会、1952年
(27) 文化財保護委員会編『志登支石墓群』埋蔵文化財発掘調査報告第4集、1956年
(28) 松尾禎作『北九州支石墓の研究』松尾禎作先生還暦記念事業会、1957年
(29) 西谷正研究代表『東アジアにおける支石墓の総合的研究』九州大学部文学部考古学研究室、1997年
(30) 宮本一夫編『佐賀県大友遺跡』Ⅰ・Ⅱ、九州大学文学部考古学研究室2001・2002年

表2　わが国の支石墓関係年表

発掘調査年 西暦	発掘調査年 和暦	項　　　目	報告書 刊行年
1872	明治　5	長崎北部：宇久松原支石墓発見、埋め戻される	
1899	32	福岡地方：須玖岡本遺跡発見、埋め戻される	
1929	昭和　4	須玖岡本遺跡（D地点）京都大学発掘調査	1930
1935	10	糸島地方：小田支石墓発見、鏡山猛氏事後調査	1941
1938	13	唐津地方：徳須恵支石墓発見、吉村茂三郎ら調査	1940
1946	21	熊本南部：市房隠支石墓？、乙益重隆氏ら調査	1971
1949	24	糸島地方：石ケ崎支石墓、原田大六氏ら発掘調査	1952
1950	25	筑後地方：朝田支石墓、鏡山猛氏ら事後調査	1956
1952	27	唐津地方：葉山尻支石墓、佐賀県教育委員会1次調査	1952
1953	28	葉山尻支石墓、佐賀県教育委員会2次調査	1953
		糸島地方：志登支石墓群、文化財保護委員会発掘調査	1956
		長崎南部：原山第1支石墓群、七田武志ら調査	1957
		熊本北部：年の神支石墓？、田辺・坂本氏ら調査	1953
1954	29	糸島地方：志登支石墓群、国指定史跡に指定さる	
		唐津地方：五反田支石墓、佐賀県教育委員会下部調査	1957
		長崎南部：原山第2支石墓群、鏡山氏ら実測調査	1957
1955	30	唐津地方：割石支石墓、松岡央氏ら発見	1957
1956	31	鏡山猛氏「九州における支石墓」発表	
		長崎南部：原山第2支石墓群、石丸太郎・森貞次郎氏ら発掘調査（1956～57）	1957
1957	32	唐津地方：迫頭支石墓、東亜考古学会発掘調査	1962
		唐津地方：瀬戸口支石墓、佐賀県教育委員会発掘調査	1962
		長崎北部：狸山支石墓、森貞次郎氏ら発掘調査	1969
		熊本北部：藤尾支石墓群、坂本経尭氏ら発掘調査	1959
		松尾禎作氏『北九州支石墓の研究』発表	
1960	35	長崎南部：原山第1・3支石墓群、日本考古学協会西北九州総合特別委員会・長崎県教育委員会発掘調査	1962
1966	41	唐津地方：森田支石墓、パリ・九州大学合同調査	1982
		唐津地方：宇木汲田（大石）、パリ・九州大学合同調査	1982
		長崎北部：大野台支石墓群（C・D地点）、長崎県・鹿町町・長崎大学合同発掘調査	1974
1968	43	長崎北部：宇久松原支石墓、長崎県・別府大学発掘調査	1970
		熊本北部：年の神支石墓、田添夏喜氏ら下部調査	1971
1969	44	森貞次郎氏「日本における初期の支石墓」発表	
1970	45	長崎北部：小川内支石墓、長崎大学発掘調査	1978
		山口県：中ノ浜支石墓？、東京教育大学発掘調査	1984
1971	46	長崎北部：栢ノ木支石墓？、松浦市教育委員会発掘調査	1973
		熊本北部：塔の本支石墓、帆足文夫氏ら確認調査	1972
1974	49	筑後平野：羽山台（C）支石墓、大牟田市教育委員会発掘調査	1975
		佐賀平野：南小路支石墓発見、佐賀県教育委員会調査	1974
1975	50	佐賀平野：佐織支石墓、三日月町委員会調査	1975
		長崎南部：風観岳支石墓群、諫早市教育委員会確認調査	1976
1976	51	下條信行氏「飛んできた石」発表	
		佐賀平野：久保泉丸山支石墓群、佐賀県教育委員会発掘調査（1976～77）	1986
		鹿児島県：下小路支石墓、河口貞徳氏ら発掘調査	1976
		鹿児島県：入来支石墓、河口貞徳氏ら発掘調査	1976

発掘調査年		項目	報告書刊行年
西暦	和暦		
1977	昭和 52	糸島地方：三雲加賀石支石墓福岡県教育委員会発掘調査	1980
1978	53	甲元真之氏「西北九州支石墓の一考察」発表	
1979	54	佐賀平野：四本黒木支石墓、神埼町教育委員会第2次発掘調査	1980
		佐賀平野：香田支石墓、佐賀県教育委員会発掘調査	1981
		長崎南部：原山第3支石墓群、長崎県教育委員会再調査並びに史跡公園として整備（1979～80）	1981
1980	55	唐津地方：大友遺跡第4次、佐賀県教育委員会発掘調査	1981
		岩崎次郎氏「北部九州における支石墓の出現と展開」発表	
		糸島地方：曲り田遺跡（支石墓）、福岡県教育委員会発掘調査（1980～81）	1983
1981	56	佐賀平野：礫石B支石墓群、佐賀県教育委員会発掘調査	1989
1982	57	佐賀平野：船石支石墓、上峰町教育委員会発掘調査	1983
		長崎平野：大野台支石墓群、長崎県・鹿町町教育委員会合同調査（A・B地点発掘調査、E地点確認調査）（1982～83）	1983
		熊本県北部：梅ノ木支石墓、熊本県教育委員会発掘調査	1983
1983	58	唐津地方：宇木汲田支石墓、唐津市教育委員会発掘調査	1985
		長崎北部：神ノ崎支石墓、小値賀町教育委員会確認調査	1984
1984	59	鹿児島県：明神下岡支石墓、長嶋町教育委員会発掘調査	1984
		藤田等氏「支石墓と配石墓」発表	
1985	60	佐賀平野：黒土原支石墓群、佐賀市教育委員会発掘調査	1987
1986	61	多々良友博氏「佐賀平野における支石墓について」発表	
		糸島地方：新町支石墓群、志摩町教育委員会発掘調査（1986～87）	1987
1987	62	筑後地方：畑田支石墓、福岡県教育委員会発掘調査	1999
		糸島地方：長野宮ノ前支石墓、前原町教育委員会発掘調査	1989
		福岡地方：四箇船石（支石墓？）、九大考古学研究室上部調査	1988
		筑後地方：石丸支石墓、久留米市教育委員会発掘調査	1991
		岩崎次郎「支石墓」『弥生文化の研究8』発表	
1990	平成 2	糸島地方：石崎矢風支石墓、二丈町教育委員会発掘調査	2010
1991	3	長崎北部：四反田支石墓、佐世保市教育委員会発掘調査	1994
1992	4	糸島地方：木舟三本松支石墓、二丈町教育委員会発掘調査	1994
		長崎北部：天久保支石墓、長崎県教育委員会確認調査	1994
1993	5	筑後地方：大板井遺跡、九州大学考古学研究室発掘調査	1993
1994	6	筑後地方：南薫支石墓？、久留米市教育委員会発掘調査	
		佐賀平野：戦場ケ谷遺跡、佐賀県教育委員会発掘調査	1995
		長崎北部：宇久松原遺跡（隣接地）長崎県教育委員会確認調査	1995
1995	7	長崎北部：天久保遺跡、九州大学考古学研究室発掘調査	1997
1996	8	長崎北部：宇久松原遺跡（隣接地）、長崎県教育委員会発掘調査	1997
		唐津地方：森田支石墓、九州大学考古学研究室発掘調査	1996
		熊本北部：田底支石墓、熊本大学考古学研究室実測調査	1996
1997	9	九州大学考古学研究室『東アジアにおける支石墓の総合的研究』発表	
1999	11	唐津地方：大友遺跡（第5次）、九州大学考古学研究室発掘調査	2001
2000	12	唐津地方：大友遺跡（第6次）、九州大学考古学研究室発掘調査	2003

各地方の支石墓の概況

福岡県Ⅰ（糸島地方）

　糸島地方は玄界灘に面し、朝鮮半島には壱岐、対馬を通じ最短の位置にある。近年唐津市の菜畑、糸島市二丈町の曲り田、福岡市の板付・雀居、糟屋郡粕屋町の江辻など、弥生早期（縄文晩期後半）の各遺跡の発掘調査で、糸島地方は唐津地方や福岡平野と共に、わが国で最初に水稲農耕文化が伝来していたことがわかってきた。

　また、糸島地方では支石墓についても、二丈町の曲り田、志摩町の新町、糸島市の長野宮ノ前など各遺跡の発掘調査で、弥生早期の初め頃、即ち曲り田式・夜臼式期の初頭に支石墓が出現したこともわかってきた。

　その後、弥生早期末から前期初頭にかけての糸島市の志登・石ヶ崎、弥生前期から中期には二丈町の石崎矢風・糸島市の三雲加賀石・福岡市西区の小田などの支石墓遺跡が確認されている。また二丈町の木舟三本松では、支石墓様の上部遺構が発見されている。

図6　福岡県内の支石墓所在地（参考地を含む）

　さらに、弥生前期以降の支石墓の上石と確認される大石が、糸島市の志登神社内や三雲地域の井田用会・井田御子守・千里などに所在し、その他にも存在したと言われている。

　なお、曲り田遺跡近くの石崎九反ヶ坪の水田下から発見されたと伝えられる上石状の板石が、そ

の近くの民家の庭先に置かれているが、未確認の為本論から除外した（図6）。

※福岡県の支石墓については、福岡県教委の橋口達也氏が1997年、『東アジアにおける支石墓の総合的研究』（九大考古学研究室編）で、その概要を発表されている。本論においては、これを最新の参考資料として各所で引用させていただいた。
　なお、三雲地区に所在する弥生早期から前期前半の加賀石・井田用会・井田御子守支石墓は、元伊都国歴史博物館の角浩行氏によれば、「初期の集落は支石墓を中心に形成されていたようであるが、支石墓が上石2メートルを超える大型のものばかりで、柳葉形磨製石鏃や碧玉製管玉などを持つ。このことはこの時期の集落内にすでに一般の成員とは異なる指導的な立場の人物（部落の長）が存在していたことを想定させる」（角浩行「三雲・井原弥生集落の成立と変遷」〈『伊都国歴史博物館紀要』創刊号、2007年〉）。また柳田康雄氏は「遺跡墓群は支石墓の規模と副葬品から渡来人またはその直系の子孫が指導的立場にあって成立したと思われる」（『伊都国を掘る』大和書房、2000年）と考えられている。

志登支石墓群

　糸島地方で最初に徹底的な学術調査が行われたのが、従来糸島水道と呼ばれている糸島半島基部の中央低地にある、糸島市の志登支石墓群である。
　1953（昭和28）年、文化財保護委員会と福岡県教育委員会（以下教委とする）の調査で、上石が遺存した碁盤式の支石墓10基、甕棺墓8基、その他石組みや敷石遺構が確認された。これらのうち、下部まで発掘調査されたのは4基の支石墓と甕棺墓全基であったが、低地にあるため河川の氾濫の影響などで、支石墓の下部遺構は不明確であったが一応配石土壙とみられている。
　遺物は、打製石鏃6本（4号支石墓）、柳葉形磨製石鏃4本（8号支石墓）が出土したが、時期を確定するものは見当たらなかった。したがって支石墓の造営時期については、支石墓を避けるように埋葬された近接の甕棺の土器年代から、弥生早期末から前期にわたるものと推定されている。
　なお当支石墓群は、近くの志登神社近くにある支石墓1基と共に、支石墓遺跡としてわが国最初の国指定史跡とされている。

曲り田支石墓

　1981（昭和56）年、福岡県教委による、国道202号線の今宿バイパス道路建設用地予備調査で、二丈町石崎の小丘陵鞍部から発見されたのが曲り田遺跡である。
　夜臼式期の方形竪穴住居址30棟と、その16号住居跡からわが国最古の鉄器、板状鉄斧の頭部片が発見された。さらに、遺跡内の東南部から小型の支石墓1基と、西南部斜面の遺物包含層からは大量の石器や土器と共に、夜臼式期の炭化米（16粒）及びコメ圧痕土器が発見された。
　このことは、夜臼式期の水田遺構が発見された唐津市の菜畑遺跡に加え、水稲農耕集落の存在が確認されたことになり、夜臼式期の鉄器出土と共に、考古学史上重要な遺跡として学会の注目を浴びた。
　また、発掘調査された福岡県教委の橋口達也氏は、多量の出土土器を分類整理されて、縄文晩期後半初頭に位置する「曲り田式土器」を設定し、曲り田式以降夜臼式に至る板付Ⅰ式期の前までの時期を「弥生早期」とすることを提唱され、昨今考古学会で広く用いられるようになった。
　なお、発見された支石墓には曲り田（古）式の丹塗磨研小壺（にぬりまけん）が副葬されていて、水稲農耕文化渡

来の初期に、小形ながら1基の支石墓の存在が実証され、初期支石墓としても注目されている。

新町支石墓群

　1987（昭和62）年、福岡県教委の調査により、志摩町の糸島半島西岸にある引津湾に面した砂丘上で、1982（昭和57）年、貨泉や半両銭と共に弥生住居跡が発見された御床松原遺跡の西側にある新町遺跡から、玄界灘沿岸でも最大の支石墓群が確認された。[33]

　古くから上石が露出し保存されていた区域（第1次調査01地区）、面積約300平方メートルが調査され、57基の支石墓を含む土壙墓群が確認されている。そのうちの33基について発掘調査が行われた結果、支石墓と確認されたものは、上部構造が上石の下部四隅に支石を有する碁盤式であり、下部構造は蓋石はなく埋葬主体が土壙・甕（壺）棺のほか、木棺埋葬も3分の1程度推定されることがわかった。

　また調査した33基の造営時期については、ほぼ各基毎に副葬あるいは共献された小壺などから、曲り田式期4基、夜臼式期10基、板付Ⅰ式期9基、金海式期1基（墓域外近接の甕棺）、不詳9基と報告されている。

　かつまた、弥生早期と弥生前期のものとは、その墓群がほぼ北と南にわかれて営まれており、未調査の24基のほぼ3分の2は北側の弥生早期墓群のなかにあることから、この支石墓群は夜臼式期が中心であったことがうかがえる。上部構造については、57基中上石が遺存していたのは7基（内未調査5基）と、上石が割られて埋め込まれたものや移動したものが3基あった。このほか支石が認められたもの17基（内未調査3基）に過ぎなかったため、調査された福岡県教委の橋口達也氏は、全墳墓が支石墓であったかについて慎重を期している。

　しかしながら、約300平方メートルという狭い地域内で、弥生早期初頭から弥生前期前半まで、長期間にわたり重複あるいは近接して造営されたため転用などにより上石や支石が欠失したり、その後現在までに持ち去られたことも考えられ、他の支石墓群の事例からも一応全基を支石墓とみなしてもよいのではなかろうか。

　この新町遺跡で特に注目されたのは、14体分の人骨が出土し、その内測定可能な人骨（板付Ⅰ式期）が西北九州弥生人に近い形質を有していたことである。このことは、従来西北九州弥生時代人は唐津地方の大友遺跡が東限であると言われてきたのを、さらに糸島半島まで拡げるものである。

　さらに、夜臼式期の熟年男性人骨（24号内出土）の左大腿骨頸部に大陸系の柳葉形磨製石鏃（復元14センチ前後）の先端が折れ込んでいて、かつまた床面からその石鏃片が発見されたことは、支石墓が朝鮮半島からの伝来を証する一端とも言える。

　そのほか1基に1個に近い状態で、副葬または供献の丹塗りや黒褐色などの小壺が出土し、また夜臼式甕（壺）棺や小壺に籾圧痕が検出されていることは、小壺が朝鮮半島からの渡来系であると共に、この遺跡が水稲農耕にも関連していたこともうかがえる。

長野宮ノ前支石墓

　新町遺跡の調査と同じ年、糸島市の長野川中流域の沖積台地上から、弥生早期（夜臼式期）の支石墓と共に土壙墓・木棺墓が併存した長野宮ノ前遺跡が発見され、同時期に木棺墓の存在が実証さ

れた。[34]

　前原市教委の発掘調査で、夜臼式期の支石墓２基（38・39号）・甕棺墓１基（傍らに大石があり支石墓の可能性あり）・土壙墓21基・木棺墓15基、計39基の墳墓群が確認されている。なおこの調査区域内には、このほか２個の支石墓上石状大石があり、支石墓は５基とも推定されるという。また東南隅では縄文後期の竪穴住居跡４基・土壙３基・埋甕１基が発見され、この遺跡はさらに東南部へ拡がるものと想定されている。

　支石墓２基のうち、上石が遺存した39号は墓群の最西端にあり、上石の下部は大柄の支石の隙間を多数の小石で密閉していたと推定され、後述の石ヶ崎支石墓と同様な上部構造であると思われる。また下部構造は、二重墓壙で木棺埋葬が推定され、その内部に夜臼式（曲り田〈新〉式＝橋口氏）の大型壺２体分が（接口式甕棺として）検出されるという、支石墓として特異な埋葬形式であった。

　上石が欠失していた38号は、地面に食い込んだ支石３個が確認され、下部は土壙であった。２基の傍らから、それぞれ曲り田（古）式の副葬小壺が出土したが、その他の遺物は見当たらなかった。

　この遺跡は３つの墓群に分類され、支石墓が属する第２群は夜臼式期でも最も古い時期のものと判断されている。なお従来、弥生早期初期の支石墓は、主として支石墓だけで構成される墓制であると考えられてきたが、土壙墓・木棺墓などと併存していることも、本遺跡の調査結果からわかってきた。

小田支石墓

　戦前の1935（昭和19）年、糸島半島の東岸にあたる福岡市西区（旧糸島郡北崎村）小田で、２基の支石墓が確認された。

　村人が墓地改修中に発見されたもので、数日後九州大学鏡山猛氏が現地を訪れたときは、すでに人骨は再埋葬されていた。残された上石・支石や甕棺片と共に聞き取り調査を行い、その埋葬復元図を作成して報告されているが、不明確な点は免れない。[35]

　１号墓は下部に弥生中期の接口式甕棺を埋葬した碁盤式支石墓であったが、甕棺上部に止め石（？）が置かれていたという。この止め石は何を意味するものであろうか。

　２号墓は７個の側壁石または石囲いで墓室を造り、床面には３枚の平石を敷き、頭部に枕石がある伸展葬の完形成人人骨が埋葬されていたという。下部構造については、甲元眞之氏は「石室墓として分類するのが適切であろう」と述べられているが、復元図を拝見すると、側壁石は立石として用いられ、支石の代わりに上石を支えている点などから、熊本県菊池郡藤尾支石墓の弥生中期の石囲い構造に似ており、当地方では特異な埋葬形式ともいえる。[36]

　また、人骨の右方部分から出土した副葬小壺はその後紛失していて弥生後期とも夜臼式とも言われており、２号支石墓の時期は明確でない。

石ヶ崎支石墓

　戦後間もない1949（昭和24）年、平原遺跡がある曽根丘陵東北端の石ヶ崎（ひらばる）で、原田大六氏が発見し森貞次郎氏・有光教一氏らと共に、初めて学術的な調査が行われた遺跡である。[37]

　夜臼式期から弥生中期中頃までに営まれた甕棺墓（23基）・土壙墓（３基）群のなかに、そのほ

ぼ中央部の最高地に支石墓が1基存在していた。

　支石墓は盗掘されていて、上石は西側にずれ墓壙の東北部分は露出し、北側内壁が破壊されていたため、上部構造は明確さを欠き、下部構造は一種の石囲い（鏡山猛氏）・粗雑な箱式石棺状（岩崎二郎氏）・石室（甲元眞之氏）などの説があるが、全般的な支石墓の下部状況から考えると、粗製の石室とみるのが妥当であると思われる。

　遺物は碧玉製太型管玉が石室内外から12個発見されているだけで、造営時期は明確でない。調査された原田大六氏は墓群の構成と周辺の出土土器から遺跡最終期の第4期に属するものでないかと報告されているが、柳田康雄氏は「出土した太型管玉が松菊里の遼寧式銅剣と供伴する管玉と同一で、細形銅剣以前の時期、夜臼式甕棺墓と同時期の初期の支石墓と思われる[38]」とも示唆されている。

三雲加賀石支石墓

　三雲加賀石支石墓は、伊都国の王墓で有名な三雲南小路遺跡の北北東方約500メートル、旧道の南側道路沿いにあった。なお、その北方約500メートルには御子守支石墓、さらに北500メートルには井田用会支石墓があったといわれている。支石墓の上石である大石は、上面に盃状欠が連なり、古くから露出していて信仰の対象になっていたものと思われる。

　1950（昭和25）年、道路拡張の際、道路敷下に埋め込まれていたが、1977（昭和52）年、地区一帯の発掘調査で、弥生前期の甕棺墓9基・貯蔵穴群などと共に支石墓として確認されたものである[39]。したがって、上石や支石の位置もずれ、下部構造の土壙は半分近くが破壊されていたという。墓壙内より大陸系の柳葉形磨製石鏃（全長16センチ前後のもの）6本が出土した。この磨製石鏃は、弥生前期の春日市伯玄社遺跡24号土壙墓から出土した6本や、韓国松菊里遺跡から遼寧式銅剣と共に出土したものと同類であるという。

　また実用品と考えられる、志登支石墓（8号）や板付遺跡竪穴包含層（板付Ⅰ式期）から出土した10センチ前後のものより長大化していて、副葬用の儀器として、時期的にも多少新しくなると考えられている。

木舟・三本松支石墓

　1990（平成2）年、二丈町深江の木舟・三本松遺跡で、圃場整備作業中に上部を掘削された弥生中期の甕棺墓53基が発見され、その北側の外縁部から支石墓の上石および支石と思われる石組みが4基確認された。

　さらに1995（平成7）年、第3次の周辺調査で、遺跡外の北部緩斜面から4個の支石墓の上石状大石が出土し、支石墓と思われるものが合計8基となった。

　いずれもその下部には遺構は見当たらず、移設されたものであろうと推定されるという。しかし一部では、標石的大石を移したものではないかとして、支石墓としては否定的な意見もある。

石崎矢風支石墓

　1990（平成2）年、二丈町の曲り田遺跡に近い石崎矢風遺跡から、弥生前期の支石墓2基・木棺墓5基・甕棺墓41基及び井戸跡・壁材並びに副葬小壺（丹塗磨研土器）2個・磨製石斧2個・打製

石鏃などが発見されている。[40]

なお当地域内で大石が2個存在し、甕棺墓のなかには副葬小壺を伴うなど、支石墓の可能性も考えられるという。

その他支石墓と称されているもの

糸島地方東部の三雲を中心とする一帯には支石墓が散在していたと思われ、前述のほか次のとおり、支石墓の上石に似た大石が支石墓と称されているものがある。

井田用会支石墓：糸島市井田
井田御子守支石墓：糸島市井田御子守
志登岩鏡（岩神）支石墓：糸島市志登坂本
千里支石墓：福岡市西区周船寺千里

上記の大石は、いずれも原位置から移設されて、その近くの神社境内に置かれている。

福岡県Ⅱ（糸島地方を除く）

福岡県内では、弥生早期（縄文晩期後半）から弥生前期までの初期の支石墓が存在しているのは糸島地方だけであり、同じ玄界灘沿岸でも福岡平野や宗像地方には初期の支石墓は見当たらない。かつまた福岡平野より東部地域にはその後の支石墓も発見されていない。

筑後地方でも初期支石墓は未発見であったが、1986（昭和61）年、筑後川中流域の朝倉市杷木の畑田遺跡から支石墓5基が発見され、そのうちの1基から弥生早期（曲り田式）の土器が出土し、筑後地方唯一の初期支石墓が確認された。

弥生前期末から弥生中期にかけての支石墓については、福岡平野や筑後平野で、甕棺墓群中から1～数基の支石墓が発見された遺跡が報告されている。

福岡平野で支石墓として知られているのは、奴国の王墓として有名な春日市の須玖（岡本）遺跡（D地点）、福岡市早良区の四箇船石支石墓、古賀市鹿部の鹿部支石墓である。しかしながら、須玖（岡本）は支石墓として否定的な意見が多く、四箇船石は下部未調査であり、鹿部は史料によるもので確認されていない。

筑後地方で前述の畑田支石墓を除いて支石墓として確実なものは、うきは市浮羽町の朝田支石墓と大牟田市の羽山台支石墓があり、その他久留米市の南薫遺跡の甕棺墓群中から支石墓1基が発見されたことが報じられている。そのほか筑後地方には十数件に近い支石墓と称される遺跡があるが、発掘調査されたものでなく過去の史料や伝聞による大石などで、未確認のものである。

なお、遠賀川流域の筑豊地方や北九州市を含む豊前地方には、支石墓の上石らしきものがあると言われているが、確実な支石墓と報告されたものは皆無である。

須玖（岡本）遺跡（王墓）

　須玖（岡本）遺跡は、福岡平野中央部の南部、那珂川と三笠川に挟まれた沖積平野に突き出た春日丘陵の北端部分にある。周辺は弥生中期から後期にかけての青銅器・鉄器・ガラスなどの工房跡や甕棺墓群あるいは住居跡など、弥生銀座と言われるほど遺跡の稠密地帯である。

　その中心部にあたる須玖（岡本）遺跡で、1899（明治32）年、大型の立石と平石の下から大型の接口式甕棺と大量の遺物が発見され、その近くに埋め戻された。その後京都大学の梅原末治氏の発掘調査や九州大学中山平次郎氏らの調査で、前漢鏡30数面をはじめ青銅器類など豊富な遺物が出土したことがわかり、弥生中期後半の奴国の王墓と称される遺跡である。また最近の調査で、王墓単独の墳丘が推定され、さらにその西側に王族墓群の墳丘も確認された。

　九州大学鏡山猛氏がこの遺構を支石墓として紹介されたが、一部には築造時期やその他の点から、上部構造は王墓としての標識的な遺構であるとして、支石墓としては否定的な意見も多い。

四箇船石支石墓

　四箇船石支石墓は、福岡平野の西部にあたる早良平野、室見川中流域の四箇船石集落の水田中に1基だけ存在し、周辺には弥生中期を中心とした弥生全期にわたる遺跡が散在している。

　古くから「動かすと祟る」と言い伝えられ保存されてきた大きさ1.9メートルの舟形大石があり、その下部に3個の大柄の塊石（支石？）もあることから、支石墓と報告されているものである。

　1987（昭和62）年、九州大学考古学研究室が上部遺構を実測調査したが、下部は未調査で支石墓とは確認されていない。遺構の近くから、弥生中期の甕棺片が表採されている。

鹿部支石墓

　鹿部支石墓と称する大石を古くから祀っている皇石（おおいし）神社は、古賀市新宮の玄界灘に面した低丘陵の鹿部山山頂にある。

　『古賀町誌』[41]によれば、「1898年（明治31年）神社裏の崖から、弥生中期後半の接口式甕棺が出土し、そのなかから細形銅剣と銅戈が村人により発見された。また皇石神社の御神体となっている大石（立石）が、この甕棺の上部に置かれていた可能性が強く、支石墓と考えられる」と記されている。しかしこの大石と甕棺墓との関係は不明で、支石墓であったかどうかは未確認と言わざるを得ない。

畑田支石墓

　畑田遺跡は、筑後川の中流域にあたる筑後平野の東端部で、杷木町の北方山地から派出した低丘陵の緩傾斜地上にある。

　1986・87（昭和61・62）年、九州横断自動車道建設に伴う事前調査で、弥生早期から弥生前期中頃までの支石墓・石棺墓（木棺墓）・竪穴住居跡・土壙・ピットなどの遺構が発見された。[42]

　支石墓は5基確認され、うち上石が遺存していたのは2基だけで、下部構造はいずれも土壙と報告されている。そのうち2号支石墓から、曲り田（古）式と思われる弥生早期の丹塗磨研大型壺の

底部片や、弥生前期初頭の籾痕土器などが出土し、弥生早期支石墓の東方への限界地として注目される。

朝田支石墓

　朝田遺跡は畑田遺跡と同様に、筑後平野の東端部、水縄山地の北麓から平野にかかる部分にあり、北方の畑田遺跡から筑後川を挟んで南西約5キロの地点にある。

　1950（昭和25）年、筑後千足バス停留所新築の際遺構が発見され、地元の浮羽高校教諭金子文夫氏らにより調査された。その後九州大学鏡山猛氏がこれらの調査結果に基づき、支石墓として報告されたものである。弥生中期の接口式甕棺墓3基と箱式石棺墓1基が確認され、さらに畑の隅に大石があり、この大石は1基の甕棺墓の上に置かれていたという。

　その大石があったといわれる甕棺墓の墓壙は、ほぼ円形で南側には大形の矩形石を側壁とし他の側壁は川原石や板石を石積した石囲い状の石室構造で、そのなかに須玖式の接口式甕棺を納めた特異な埋葬形式であることが報告されている。

　また支石はなく、大型の側壁石が上石を支えていたと考えられるという。

石丸支石墓

　石丸遺跡は、久留米市の北部、筑後川南岸の東櫛原町にある櫛原天満宮の、境内を含むその南北一帯に位置している。

　1987・88（昭和62・63）年、久留米市教委の発掘調査で、弥生前期末から中期前半にかけての甕棺墓135基・土壙墓14基・石蓋土壙墓7基・木棺墓2基が発見され、墓地は北から南側に造営されたと考えられている。

　この櫛原神社北側のほぼ中心部分にある110号の大型甕棺から、磨製石鏃2点が出土した。古老の話によれば、現在櫛原神社境内に置かれている支石墓の上石状の大石は、この地点から移動したものであるという。

　市教委では、この大石が110号甕棺の上に置かれていたと推定し、支石墓であったと考えられている。しかし110号甕棺は上部が削平されていて、支石墓の原型をとどめる遺構は確認されてないため、その確実性は疑問視せざるを得ない。

南薫支石墓

　南薫遺跡は、石丸遺跡の東方約2キロの地点にあり、石丸遺跡と同様な筑後川南岸の微高地に位置し、弥生土器の散布地として知られていた。

　1994（平成6）年、久留米市教委の調査で、弥生前期の支石墓1基・甕棺墓65基・箱式石棺墓7基・土壙墓10基が発見されたと報じられているが、調査報告書が未刊で詳細は不明である。

羽山台支石墓

　羽山台遺跡は、大牟田市の北部、有明海に突き出た甘木丘陵の南側を流れる白銀川の南側で、当時は入り組んだ海辺近くにあったと推定される低丘陵の台地上にある。

1967（昭和42）年、大牟田市教委の調査で、A・B地点から弥生中期初頭から中期中頃にかけての甕棺墓34基・土壙墓20基が発見された。さらにその丘陵の高地部分にあたるC地点を1974（昭和49）年、調査の結果、弥生中期初頭の支石墓1基・甕棺墓3基・土壙墓5基（内木棺墓2基）が発見され、C地点はA・B地点よりハイクラスの墓地であると考えられている。[43]

　支石墓はそのC地点の最高部にあり、径2メートル前後の上石は1個の大型の支石で支えられていた。下部構造は、長さ約2メートル大の墓壙のなかに、羽山台1式（弥生中期初頭）の接口式大型甕棺が、ほぼ水平に埋納されていた。

　佐賀平野や筑後平野において、甕棺墓群中に支石墓が1～数基存在する、中期支石墓の典型的な事例と言える。

筑後平野のその他の支石墓参考地

　筑後平野には前述のほか、支石墓の上石とみられる大石や、過去の史料により支石墓と伝えられる遺跡が、下記のとおり報告されているが、未調査や未確認のものであり、現状では支石墓参考地として考えるべきかと思われる。

大板井遺跡：小郡市大板井字蓮町
　1993（平成5）年、九州大学考古学研究室の発掘調査で、立石と平石は周辺から移設して祀られたものであることが判明し、支石墓でないことが判明した。
酒見貝塚の磯良石：大川市大字酒見大川公園内
淡島神社裏の大石：大川市大字小保八幡神社内
能保里の大石：久留米市城島町下青木
中村遺跡：柳川市大字西蒲池字中村
浦田遺跡：柳川市大字西蒲池字浦田
池渕遺跡：柳川市大字西蒲池字池渕
三島神社遺跡：柳川市大字西蒲池字宮ノ前
扇ノ内遺跡：柳川市大字西蒲池字扇ノ内
鷹尾神社の大石：柳川市大和町大字鷹ノ尾
岩畑の大石：みやま市高田町竹飯字岩畑

粉ふき地蔵尊前のドルメン

　北九州市小倉南区の紫川中流に位置する長行東2丁目に、地元の信仰の対象となっている「粉ふき地蔵尊」が祀られている。その境内にドルメンと称する大きさ3メートル余の板石が3個の塊石に支えられて置かれていて、支石墓でないかと言われていた。

　1979（昭和54）年、北九州市教委の調査では、下部を発掘していないが、古老の言い伝えや板石の状況から、周辺で出土した箱式石棺の蓋石の可能性が強く、移設したものとして、支石墓としては否定的である。

佐賀県Ⅰ（唐津地方）

　唐津地方は「魏史倭人伝」に記載された3世紀の「末盧国」に比定され、朝鮮半島南岸から対馬、壱岐を経ての最短距離の位置にある。

　したがって、1980・81（昭和55・56）年の菜畑遺跡の調査により、弥生早期の水田や農耕具が発見されるに及んで、水稲農耕文化がわが国で最初に伝来した地方と見られている。また支石墓という墓制も、同時期に伝来したものと考えられている。

　当地方は戦前より支石墓の存在が知られていたが、戦後いち早く発見や調査が行われた地域である。その大部分は、当時唐津湾（松浦潟）が深く湾入していたと推定される鏡山南側地域の、海辺近くに突き出た各丘陵上のほぼ先端部分にあり、ちょうど入り込んだ湾を囲むように円弧状に散在している。

　現在の地形から言えば、半田川の右岸（鏡山南麓）には矢作支石墓、半田川左岸から宇木川の右岸にかけては岸高・葉山尻・迫頭の支石墓群、宇木川の左岸からその西方にかけて瀬戸口・森田・割石の支石墓群と、前面の水田地帯（当時は海）を見下ろすように、比高10〜20メートルの丘陵上や斜面に、ある程度の間隔をおいて造営されていることがわかる。

　なお、宇木川左岸低地にある宇木汲田遺跡内からも、支石墓が発見されている。

　そのほか、松浦川の支流徳須恵川の中流域にある徳須恵支石墓、鏡山の東方浜玉町の浜玉川右岸に五反田支石墓があり、呼子町飛び地の大友海岸にある大友遺跡からは多数の支石墓が発見されている。さらに支石墓と称されているものが、唐津市久里地区などに数カ所ある。

　以上唐津地方の支石墓は、戦前の徳須恵支石墓を除いて戦後にな

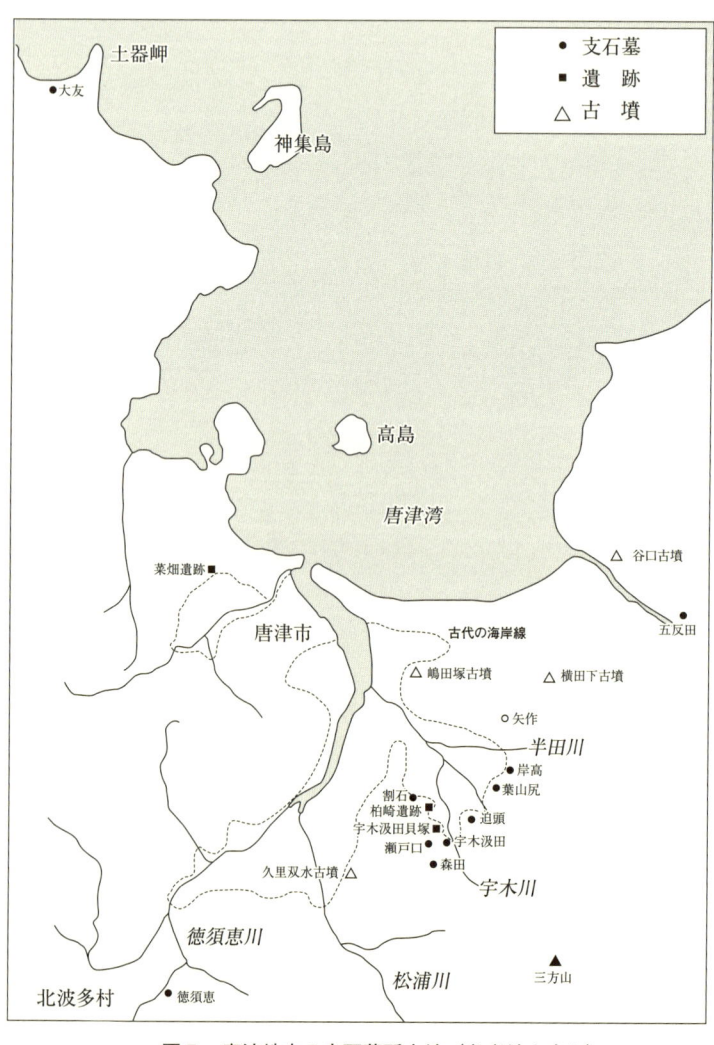

図7　唐津地方の支石墓所在地（参考地を含む）

り次々と発見調査されたが、宇木汲田や大友遺跡を除いては1965（昭和40）年以前の調査であったため、研究者の不足や調査方法が昨今のような精緻なものではなかった。かつまた予算や調査日数が少なく、各支石墓群とも部分発掘や確認調査程度などに留まっていて、その後未調査のまま開墾などにより消滅したものもある。

また出土する遺物が少ないこともあり、わが国最初の支石墓伝来地と考えられているにもかかわらず、糸島地方や佐賀平野のように、夜臼式期より古い弥生早期初頭（曲り田式期あるいは山ノ寺式期）に遡る古い時期の支石墓が存在したかどうか、今ひとつ不明である。

さらに、糸島地方には新町、佐賀平野では久保泉丸山、長崎地方では大野台・風観岳（ふうかん）・原山などと大支石墓群が存在するのに、唐津地方では最大でも20基程度の支石墓群があるだけである。この点は支石墓だけでなく、弥生時代から古墳時代の遺跡についても同様であり、当時の唐津平野はほとんど平野がなかったためか、定着地というよりも渡来してきたある一定期間の居留地であったとも考えられる（図7）。

※佐賀県の支石墓については、佐賀県教委の森田孝志氏が『東アジアにおける支石墓の総合的研究』（九州大学文学部考古学研究室、1997年）でその概要を発表されている。本項においては、これを最新の参考資料とし、特に注釈がない場合は、引用はこれを出典とする。

徳須恵支石墓

唐津平野の南部久里で、西南の山手から松浦川に合流する徳須恵川がある。その徳須恵川の中流域にあたる北波多村の徳須恵盆地の川際に徳須恵支石墓があった。

1938（昭和13）年、河川改修のため土手近くにある桑畑の土取り作業中に、上部に小型の板石を置いた甕棺群が発見された。佐賀県史跡調査委員吉村茂三郎氏らの調査により、そのときは支石墓としてではなく、「甕棺墓の特殊な埋葬方式」として、『松浦史料』に報告されたものであるが、現在は消滅し川床となっているという。[44]

その後支石墓の研究が進むうちに、報告書や残された写真及び構造見取り図などから、10数基の碁盤式支石墓と確認されたものであるが、支石墓としての構造など詳細は不明である。なお、このうちの1基から、細形銅矛が発見されている。

またこの地点の上流50メートルのところから、弥生前期から中期の大集落があったと考えられる遺物包含層が発見されている点などから、この支石墓群も同時期のものと考えられている。

葉山尻支石墓

1951（昭和26）年、唐津市半田字葉山尻の脇山繁氏の開墾地で、甕棺墓や支石墓が発見され、その甕棺（1号）内から碧玉製管玉が検出された。それがきっかけとなり、その翌年と翌々年に、全国で支石墓として初めての学術調査が行われたことで有名である。[45]

その発掘調査の結果、夜臼式期から弥生中期に至る支石墓4基と支石墓の下部を含め甕棺26基が確認された。その後、1955年に1基の支石墓（5号）が発見され、さらに支石墓とみられる遺構（6号）も発見されたが、両者とも未調査である。

なお部分調査であったため、このほか支石墓の上石を転用したと思われる露出した古墳の石室もあり、また傾斜地の中腹にあるためその後の土砂の流出で遺構が埋まっている可能性もあると言われている。

特に注目されたのは1号支石墓で、直立倒置の単棺が2個、上甕下壺の直立合せ甕棺が3個、水平横置きの単棺1個と、弥生中期の甕棺6個が上石の下部に埋葬されていて、その埋葬方法と上石の性格が論議されている。

葉山尻支石墓の古い時期についてそれを確定できる遺物はなかったが、3号支石墓に近接して夜臼式期の小児用甕棺（壺棺）が2基あり、周辺にそれ以外の遺構がないこともあり、かつまた傾斜地の最高地に位置していることなどから、3号支石墓が最も古い夜臼式期のものと推定されている。また5号支石墓から、板付Ⅰ式の副葬小壺が発見された。

五反田支石墓

1954（昭和29）年、浜玉町五反田の大場幾氏が、自宅東側の排水溝と道路補修のため道路側の崖を切り崩したところ、道路下部から支石墓が現れた。

急遽、佐賀県教委により調査が行われたが、支石墓の上石などを道路敷下に大半を残したままの横掘りによる調査であったため、下部構造の概要は摑めたものの、上石の大きさや支石数あるいは下部土壙の大きさなどは正確な数値が不明である。

調査の結果、4基の支石墓と支石墓の上石と思われるもの1個及び支石墓と思われる土壙が確認されている。なお道路を挟んだ反対側にも上石らしきものが認められたが未調査で、上記以外にも支石墓が眠っている可能性があるという。

上記支石墓中、4号支石墓は北側隣家石垣下の斜面から発見され、他に較べて最高位置にある。また、下部の土壙の奥に幼児用と思われる夜臼式の深鉢と壺からなる合せ甕棺が検出され、複数埋葬と考えられている。

五反田支石墓の造営時期については、3号近くからと6号土壙の上部から弥生前期初頭の小壺が各1個発見されている点などから、夜臼式期末から弥生前期にわたるものと推定されている。

割石支石墓

1955（昭和30）年、唐津平野の南部、夕日山から真北に突き出た舌状台地の先端部分にある雑木林のなかから、当時佐賀大学生の松岡央氏らが6基の支石墓を発見した。

その外部状況については、松尾禎作氏の労作『北九州支石墓の研究』[46]に記載されているが、その当時蜜柑畑に開墾中であったためか、未調査のままである。なお開墾時に夜臼式の土器が採集され、弥生早期末から弥生前期頃の時期が想定されるという。

迫頭支石墓

迫頭遺跡は、宇木川の東岸飯盛山から北方に延びた海抜約20メートルの鶴崎丘陵上で、宇木汲田遺跡の東方約500メートルの位置にある。なお丘陵の先端平地には、弥生時代の甕棺と有柄式（戦国式）銅剣（基部）が出土した鶴崎遺跡がある。

1951（昭和26）年、1号墳が支石墓として発見され、1953年葉山尻支石墓第2次調査の際の予備調査で支石墓群が確認され、1957年東亜考古学会による調査で13基中5基が支石墓・他は古墳として紹介されたものである。
　しかしその後詳細な調査の結果、当遺跡は支石墓に重複して古墳が造営されたことがわかり、支石墓として考えられるものは2基（2・6号）だけで、他の11基は出土した遺物などから支石墓の上石を転用した5世紀末から6世紀にかけての古墳であることが判明した。
　また、1959（昭和34）年、丘陵全体の開墾で、さらに1基の古墳が発見されている。
　支石墓の時期は、遺跡内から出土した甕棺などから、夜臼式期から弥生前期と推定されている。

瀬戸口支石墓

　瀬戸口支石墓は、夜臼式期単純層の発見で有名な宇木汲田貝塚や、多数の青銅器類が出土した宇木汲田甕棺墓群遺跡のすぐ西側で、比高約20メートルの丘陵台地上にある。
　なお、その南側の東斜面からは、森田支石墓も発見されている。[47]
　1957（昭和32）年、蜜柑畑造成のため開墾中に発見され、佐賀県教委による発掘調査の結果、14基の支石墓群（内2基は甕棺墓か）が確認された。
　調査時には、上部構造は勿論下部構造の一部もほとんどが破壊され、上石が遺存していたのは2基（1基は未調査）だけであったが、支石の残存状況や土地所有者からの知見などで、すべて支石墓と判断されている。
　下部構造は（いずれも蓋石の存在は認められず）、遺跡のほぼ中央部分に位置する粗雑な箱式石棺1基（7号）のほかは、合せ甕棺（壺と深鉢使用）5基・土壙4基・未調査1基である。なお合せ甕棺は8号が夜臼期と板付期の土器を使用する以外は夜臼期の土器で構成されている点などから、造営時期についても夜臼期が主で一部弥生前期初頭にわたるものと考えられ、かつまた宇木汲田貝塚を形成した人々の墓地であったと想定されている。

森田支石墓群

　森田支石墓群は、瀬戸口支石墓の南方約300メートル程度の位置にあり、宇木汲田遺跡を北東に見下ろす丘陵東斜面上にある。
　1966（昭和41）年、宇木汲田遺跡の日仏合同調査の一環として、支石墓の確認調査が行われた。さらに1995（平成7）年、九州大学考古学研究室により、3～8号支石墓について調査が行われた。
　1966年の調査結果では、16基の支石墓と甕棺1基が確認されたが、そのほか上石を割って取り除いたものや埋め込んだものもあり、最大20基程度の支石墓と数基の甕棺墓の存在が推定されている。[48]
　なお現地が蜜柑畑に転換中であったため、1号支石墓の上石を取り除いて下部構造（土壙）を確認しただけで、他の下部構造は不明である。また、夜臼式・弥生前期の土器片が採集されたと言われているが確認されておらず、甕棺は弥生中期のものであるという。
　森田支石墓の時期については弥生時代の初め頃で、割石・瀬戸口・迫頭支石墓とほぼ同時期であると考えられていた。
　1995年の調査では、4・8号支石墓の上石を取り除き下部構造の確認を行い、3・5・6・7号

支石墓は上石を取り除かず測量のみを実施している。その結果、4号支石墓は石囲い土壙、8号支石墓は土壙であったが、支石墓内から時期を判断する遺物は発見されなかった。しかし、4号支石墓に近接した甕棺（壺棺）が夜臼Ⅱa式（夜臼式単純期）の合せ甕棺であることがわかり、4号支石墓も同時期のものと推定され、森田支石墓群は弥生早期に造営が始まったことが確認されている。

その他の宇木地区周辺の支石墓

▶岸高支石墓

岸高支石墓は、葉山尻遺跡の北東約200メートル、当時入江の対岸丘陵上にあり、6基と3基の群にわかれて9基の支石墓があったと言われているが、その内6基については1963（昭和38）年、未調査のまま開墾により消滅したという。また3基についても未確認のままであるという。なお下部構造は土壙で、夜臼式土器が出土したと言われているが未確認である。

▶宇木汲田遺跡中の支石墓

1966（昭和41）年、九州大学とパリ大学との日仏合同調査の際、調査地域（7b地区）の北東端から、支石墓の上石と思われる大石が発見された。しかし下部構造は確認できず、耕作の邪魔になるため穴を掘り埋められたと考えられ、その時期は周辺の甕棺から弥生中期と推定されている。

また1983（昭和58）年、唐津市教委の調査時に、支石と巨石が割られ、下部構造が甕棺と考えられる、弥生前期の支石墓1基が発見されている。

即ち低地にある宇木汲田遺跡内でも、弥生前期から中期にかけて、甕棺墓群中に数基（？）の支石墓が存在したことがうかがわれる。

▶矢作（やはぎ）支石墓

鏡山南麓にある矢作支石墓は未調査で、基数、遺構など一切不明である。

大友支石墓

大友遺跡は、古代唐津と共に「末盧国」に比定されている呼子港の東方で、現在呼子町の飛び地である大友海岸の、玄界灘に突き出た友崎と土器崎間に形成された弧状の砂丘上とその南側の低丘陵の北斜面に分布している。

1968（昭和43）年から70年までの4次にわたる発掘調査[49]と、1999・2000（平成11・12）年の5・6次調査で、遺跡の全容が判明した。[50]

その全遺構は、支石墓11基・土壙墓38基・甕棺墓48基・石囲墓17基・敷石墓7基・配石墓7基・箱式石棺墓19基・再葬墓10基で、計187基の弥生時代（一部古墳時代前半期を含む）の多種多様な埋葬形式の墓が確認された。なお古墳時代後半期以降及び時期不明の16基を加えると、総数200余基の大集団墓地であることがわかった。

これらの墓地形成の時期については、弥生早期（夜臼式期新）にまず支石墓が南側の低丘陵地に造営され、その中途から土壙墓・甕棺墓と次第に変化し、汲田式（弥生中期前半）甕棺段階までが墓地の盛期で、その後一時中断し、弥生後期後半から古墳時代前半期にかけて箱式石棺墓が営まれ、

大友遺跡は終焉を迎える。
　その後中近世において、僅かながら埋葬地として利用されているという。
　なお、時期が判断できる甕棺墓は弥生前期後半のものが量的に多く、遺跡のこの時期が最盛期であったと考えられている。
　また、1～4次調査後大友遺跡を有名にしたのは、南方海産の貝輪を着装するなどの人骨が129体検出され、その形質が縄文人に近い低顔・低身長の西北九州弥生人タイプであり、そのなかの22体には抜歯風習も認められた点である。
　5・6次調査でも52体の人骨が出土したが保存状態が悪く、部分的人骨も加え計測の結果、1～4次の人骨と同様の西北九州弥生人タイプであり、一部に抜歯風習も認められたが、貝輪着装は3体と少なかった。
　なお大友遺跡の5・6次調査で注目されるのは、時代の推移と共に支石墓11基の下部構造の変遷である。発掘調査された宮本一夫氏は、これらの変遷過程を大友Ⅰ～Ⅳ式に分類している。
　すなわち、大友Ⅰ式（夜臼式期新）は、扁平石を用い墓壙の底部に全面敷き詰め底部の側壁にも一段の配石をめぐらしている。Ⅱ式（板付Ⅰ式併行期前）になるとそれが退化して側壁の配石がなくなり、Ⅲ式（板付Ⅰ式併行期後）ではさらに退化して底部の敷石がまばらになる。Ⅳ式（伯玄・金海式期）では、配石土壙から甕棺埋葬に変わるという。
　唐津・糸島地方には、大友Ⅱ・Ⅲ式の下部構造に類似する配石土壙の支石墓が、森田支石墓・三雲加賀石・志登などにも見受けられ、大友支石墓との関連が注目される。

その他支石墓と伝えられているもの

　佐賀県教委森田孝志氏によれば、上記の支石墓遺跡の他に参考地として、唐津市宇木の黒須田支石墓、唐津市久里の久里徳武支石墓・久里大牟田支石墓・久里城支石墓、唐津市山本の山本峯支石墓を挙げられているが、不明確な点もあり本稿から除外した。

佐賀県Ⅱ（佐賀平野）

　佐賀平野で支石墓が初めて確認されたのは、1974（昭和49）年に発見された佐賀市大和町尼寺の南小路(みなみしょうじ)支石墓である。
　それまでは、玄界灘の唐津・糸島地方や九州西北の長崎県地方に対して佐賀平野は支石墓の空白地帯と考えられてきたのが、南小路支石墓の発見以来関心が高まり、それまで支石墓ではないかと言われてきた船石などの巨石が、調査の結果相次いで小規模の支石墓であることがわかってきた。
　それを決定的にしたのが、1977（昭和52）年、九州横断道路計画に伴う事前調査で発見された佐賀市久保泉町の久保泉丸山遺跡である。脊振山地南麓の佐賀平野を見下ろす台地に造営された古墳遺跡の下部やその周辺から、118基というわが国最大と思われる支石墓群が発見され、その後この近くの山麓地帯から黒土原(くろつちばる)・礫石(つぶていし)B支石墓群が、さらに東部では香田(こうだ)支石墓が発見されている。
　一方山麓から平野部分にかかる微高地には、南小路に次いで佐織・四本黒木・船石などと甕棺墓

図8　佐賀平野の支石墓所在地（参考地を含む）

群のなかから小規模の支石墓遺跡も確認されている。また工業団地の造成や圃場整備に伴う事前調査で、平野部の低丘陵地から山田・戦場ヶ谷(せんばたに)・友貞などの支石墓も発見された。

特に久保泉丸山支石墓群の発見は、その後1987（昭和62）年に発見された糸島市志摩の新町支石墓群と共に、わが国の支石墓の始期が山ノ寺式期あるいは曲り田式期という弥生早期初頭であることが確認され、その規模や下部構造などからもわが国支石墓の研究に新しい頁を開いたとも言える。

また、久保泉丸山支石墓群を始め脊振山麓で発見された各支石墓は弥生早期初頭から前期に属する初期の支石墓で、南小路支石墓など平野部で甕棺墓群中に存在する支石墓の大部分は弥生前期末から中期にかけての支石墓である。これらの両者の支石墓は、前者から後者につながる同系列のものか否か、今後の研究が待たれる。

以下、主要な支石墓についてその概要を述べると共に、未確認や参考地となる支石墓も簡単に記述した（図8）。

久保泉丸山支石墓群

　久保泉丸山遺跡は、佐賀市の北方、佐賀平野に面する脊振山地の南麓に位置し、佐賀平野最大の河川である嘉瀬川とその東側を同じく南流する巨勢川(こせ)に挟まれた地域で、金立(きんりゅう)山から平野部へ突き出た巨勢川寄りの、小丘陵の舌状台地上にあった。

　なお、当遺跡に続いて発見された礫石B及び黒土原遺跡も、この両河川に挟まれた（区間約6キロ）平野を見下ろす丘陵上にある。また周辺地域には、鈴隈(すずくま)・西原・金立開拓遺跡などの縄文晩期の遺跡がある。

　近年の地質調査で、当時嘉瀬川は平野部に入った尼寺付近で東折して佐賀市の北部から東部を流れており、現在の「渕頭」付近まで有明海が湾入していたと推定されている[51]。

　即ち久保泉丸山遺跡は、足下に集落や水田が散在する平野とその4〜5キロ先に海を一望できる場所であり、この地に住んだ人々は有明海を通じて各地と交流していたのではないかと想定される。

　1976・77（昭和51・52）年、九州横断道路建設計画に伴い佐賀県教委により、当遺跡が道路敷きにかかるため全面的な発掘調査が行われた。その結果、東西50メートル南北22〜28メートルの奥行

きが異なる舌状台地上の墓域内で、5～6世紀の古墳の下部や溝及びその周辺から、弥生早期（山ノ寺式期）から前期（板付Ⅱ式期）までの118基に及ぶ大支石墓群、ならびに甕棺（壺棺）墓4基（内2基は黒川式期）、箱式石棺墓3基が確認された(52)。

　各支石墓の上部構造は古墳築造によりほとんど破壊され、上石が原形のまま遺存していたのは2基に過ぎず、その他上石が欠失し支石だけが認められたものは52基で、支石がないものは下部構造も破壊されていた。しかも支石墓の上石や支石などが古墳の石室や墳丘部の縁石などに転用されているのが認められることなどから、発掘した118基全部が支石墓であったと推定されている。

　当支石墓群の構造の典型的な例として、元佐賀県教委の高嶋忠平氏は「遺体を埋葬する壙は、長さ1.5メートル、横約1メートルの平面形か不整の長方形のもので、遺体を埋葬した後、数枚の板石で蓋をし、その周囲に人頭大の支石を5～6個配置し、その上に上石を載せている。壙の蓋石と上石との空間に、供献・副葬の土器類を配置する(53)」と説明されている。

　即ち当支石墓群の特徴は、下部構造が石蓋土壙であるといえる。しかしながら、調査報告書によれば、土壙の壙底四隅に敷石があるものが約4分の1程認められ、これらは木棺埋納の可能性もあるという。また、上石が遺存した2基のうち1基には蓋石がなかったことから、蓋石がない土壙の支石墓の存在も考えられるという。

　久保泉丸山支石墓群が特に注目されるのは、次の3点である。

①約1500平方メートル程の狭い墓域に、わが国最多の118基の支石墓が密集していること。
②わが国初期の支石墓である最古期の山ノ寺式期から板付Ⅱ式期まで、時期的に5群にわかれ、約400～500年間連続して造営されていること。
③近隣にある同時期の黒土原・礫石B支石墓群と共に、その下部構造が主として石蓋土壙形式で、玄界灘沿岸の土壙形式、長崎県地方の箱式石棺形式と各地方により異なる埋葬形式を用いていること。

黒土原支石墓群

　黒土原遺跡は、前述のとおり佐賀市北部金立町の脊振山地南麓で、久保泉丸山遺跡と礫石B遺跡のほぼ中間地帯の丘陵上にある。

　1985（昭和60）年、私立学校（弘学館）建設に伴い、佐賀市教委が部分的に4地区の発掘調査を行った結果、古墳の墳丘下やその周辺から8基の支石墓が発見されたものである。

　支石墓の上部構造は古墳の築造や果樹園の開墾などで完全に破壊され、上石も支石も欠失し、下部構造も不完全な状態で残存しているに過ぎなかった。蓋石が残存し形状をとどめている土壙の大きさは、長さ122～158センチ、幅60センチ前後、深さ30センチ前後で、平面形は隅丸長方形か長楕円形であった。墓壙の形式や供伴土器の年代器種が近くの久保泉丸山や礫石B支石墓と共通しているので、支石墓として若干疑問があるものの石蓋土壙形式の支石墓とみなしている。

　時期的には、供伴土器から、夜臼式期から板付Ⅰ式期に営まれたことがわかるが、その始期については久保泉丸山より幾分遅れるものであるという。

礫石Ｂ支石墓群
つぶていし

　礫石Ｂ遺跡は前述のとおり、嘉瀬川と巨勢川に挟まれた脊振山地南麓の嘉瀬川寄り、大和町久池井の平野部へ派出する舌状丘陵上にある。東北東約２キロには黒土原遺跡、さらに東方約1.3キロには久保泉丸山遺跡という位置にある。

　1981（昭和56）年、九州横断自動車道建設に伴う佐賀県教委の発掘調査で、６世紀前半の古墳の墳丘下から、弥生早期（夜臼式期）から前期前半（板付Ｉ式期）の支石墓23基が発見された。[54]

　したがって支石墓の上部はほとんど破壊されていて、上石（一部のみ）が遺存していたのは２基だけで、上石は小型の細長い平石を数枚並べた形式であった。また支石は23基中13基認められたが、１基に９個などと小型の支石が多数あるものもあり、その上石が一枚石でないことが考えられるという。

　下部構造は、小児用と考えられる合せ甕（壺）棺14基と、墓域を異にした成人用の石蓋土壙７基、上部が破壊された土壙２基であった。蓋石は数枚の板石を横に渡し、その隙間や押さえに小板石や小塊石を置くなど、積石墓状を呈していた。

　特に注目されるのは、小児用甕棺（壺棺）の比率が高く、かつまた供献・副葬用の夜臼式小壺及び破片が、墓壙から９個、古墳の盛り土中から約20個体分検出されたことである。またその合せ甕棺の埋葬形式に特異性がある。さらに成人墓が多い久保泉丸山支石墓群との関連性についても注目される。

香田支石墓

　香田遺跡は、佐賀平野東部の山麓地帯、寒水川（しょうず）の東側海抜70メートル前後の西斜面に散在している。1979・80（昭和54・55）年、九州横断自動車道建設に伴う事前調査で、縄文早期から古墳時代に至る間の断続的な遺構が発見され、そのなかのＡ−４区から夜臼式期の支石墓１基と壺棺墓１基が発見された。

　調査時支石墓の上石は取り去られ南側４メートルの地点に立石として立てられていたが、支石６個と共に下部構造の石蓋土壙が残存していた。蓋石は礫石Ｂ遺跡と同様に蓋石４枚と小塊石を押さえに用いており、蓋石上から夜臼式の小壺２体分と、土壙内から不明土製品２点が出土している。

　本遺跡の夜臼式期は支石墓１基と壺棺墓１基という構成であるが、遺構のすぐ西側の土地が大きく削られていて、崩壊前は多数の遺構（支石墓他）が存在していた可能性があるという。

南小路支石墓

　佐賀平野の西部を南流する嘉瀬川の東岸で、脊振山地から平野部へ移行する地帯の海抜10メートル前後の微高地に位置している。

　1974（昭和49）年、大和町大字尼寺字南小路Ａの金崎純一氏宅地内で、地表面に現れていた大石を掘り起こしたところ、下から支石や甕棺が発見され、佐賀県教委で確認調査が行われた。

　上石は長さ3.2メートル、最大幅2.4メートルの大型の花崗岩で、２個の支石のうち１個も長さ１メートルの大きな花崗岩であった。下部構造は器高80センチ程度の甕棺を用いた覆口式合せ甕棺で、

甕は弥生前期末頃の板付Ⅱ式または下伊田式に比定されるという。

　周辺からは、それ以前から甕棺が相当数発見され、1919（大正8）年には広形銅戈（1本）が甕棺から出土している。

　1994（平成6）年、大和町教委で周辺一帯の尼寺一本松遺跡を調査した際に、同支石墓下部の発掘調査が行われた。その結果、支石と思われていた塊石に若干の疑問が残り、上石の下から合せ甕棺とその上部に貝殻を敷き詰めていたことがわかった。周辺から土器片が多数検出された。また甕棺内部から人骨1体・深緑色の小形管玉6個が出土した。

四本黒木支石墓

　四本黒木(しほんくろき)遺跡は、佐賀平野の中央部で、脊振山麓から平野部へ移行する城原川中流域の西岸、神埼町城原字四本谷に位置している。

　1976（昭和51）年、県道改修工事中に道路敷下から甕棺群が発見され、かつまたその遺構が調査外の県道北側に拡がっていることがわかった。(55)

　1979年その北側部分の第2次調査で、弥生前期末から中期初頭の土壙墓・石棺墓を含む甕棺墓群（第Ⅰ群）のなかから、支石墓1基が発見されたものである。

　上石は墓壙中心部からずれ墓壙上部も大きく破壊されており、下部構造の甕棺も下甕の一部が残っているだけで、後世の攪乱により上石は二次的移動も考えられるという。

　かように、甕（壺）棺墓群中に支石墓が1～数基存在する埋葬形態は、佐賀平野では弥生早期末頃から発生していて、佐賀平野の西部から東部へ佐織・南小路・四本黒木・船石遺跡と弥生中期まで続いている現象が見られる。

船石支石墓

　船石遺跡は、東部佐賀平野の中央部分で、脊振山地から南流する切通(きりとおし)川と船石川の合流地点の東側、海抜21～25メートルの舌状台地の先端部分、三養基郡上峰町大字堤の船石天満宮境内及びその周辺に位置している。

　1982（昭和57）年、船石天満宮境内にある亀石・船石・鼻血石と呼ばれている巨石を中心とした北区の発掘調査が行われた。その結果、弥生前期末から後期にかけての甕棺を主体とする墳墓群93基以上と弥生中期前半の支石墓2基が確認された。また北区の中央部分にある3メートル余の大石については未調査であるが、支石墓の可能性もあるという。

　なお、鼻血石と呼ばれている大石は、古墳（5世紀中頃）の露出した石室の天井石であることがわかったが、その形状から支石墓の上石を転用したものとみられている。(56)

　2基の支石墓のうち船石と呼ばれている2号支石墓の上石は、長さ5.41メートル、最大幅3.12メートル、最大厚さ1.12メートルの断面舟形をした花崗岩の巨石で、わが国の支石墓では最大の上石である。また下部の支石3個も大きさが1メートルを超える大石で、コの字形に配置され、うち2個は横に立てられた状態である。

　下部構造は土壙と思われるが、地表平面の径が約2メートルの円形に近い楕円形で、深さが3.3メートルに達する巨大な竪穴であった。しかも内部は攪乱の痕跡があり、内部の埋め土のなかから

60個に及ぶ花崗岩の川原石や、弥生前期末から中期中頃の土器片、扁平片刃石斧、鉄鎌及び大型甕棺片等が出土した。

　下部土壙が余りにも深く、遺構も確認できないため支石墓として疑問視する意見もあるが、近年発見された南朝鮮の支石墓（徳川里1号）で、30トン余の巨石の下部構造に深さ4.5メートルの地下埋葬（石槨木棺）の墓壙がある事例からも、埋葬主体は不明であるが支石墓とみなしてもよいのではなかろうか。

報告書未刊の支石墓

①山田支石墓

　1991（平成3）年、鳥栖市教委の調査で、鳥栖市立石町大字山田の山田遺跡の水田中から、小型であるが上石を伴った支石墓様遺構が発見された。周辺から黒川式や夜臼式土器が出土していて、弥生早期の支石墓遺跡ではないかと見られている。

②戦場ヶ谷支石墓（戦場古墳群6区地区）

　1994（平成6）年、佐賀県教委の調査で、神崎郡吉野ヶ里町大字三津の戦場ヶ谷遺跡「戦場古墳群6区」の弥生前期前半の墓地から、甕棺（小児棺）5基と共に支石墓1基が確認されている。

未確認・参考地の支石墓

▶佐織支石墓

　佐織遺跡は、佐賀平野の西部にあたる小城市三日月町大字長神田字佐織で、嘉瀬川に合流する祇園川の中流域にある沖積平野の微高地にある。

　1974（昭和49）年、現在の三日月中学校北側一帯を圃場整備中に甕（壺）棺群が発見され、またその中央部分から支石墓の上石と思われる大石が掘り起こされたことが判明した。翌年佐賀県と三日月町教委が緊急調査をしたときは、その大石は近くの佐織神社境内の石塔台石に使用されていた。

　その大きさは長さ3.4メートル、幅1.8メートル、厚さ0.3メートルの扁平形の大石であったが、支石墓と思われる原位置や支石の有無及び下部構造などは確認されていない。

　なお、当遺跡内からは13基の甕（壺）棺が確認され、その内5基を発掘調査したところいずれも夜臼式のものであったが、その他の一部には板付Ⅰ式併行期のものも見受けられたという。また、主として弥生早期末から中期初頭にかけての遺物が出土しているが、支石墓の細かい時期については不明である。

▶友貞支石墓

　友貞遺跡は、佐賀市街地区の北部にあたる金立町千布の水田中の微高地にある。1994（平成6）年、佐賀市教委により、圃場整備の事前調査で友貞遺跡10区から、弥生中期の甕棺墓群中から支石墓の上石と思われる花崗岩の大石（長さ2.5メートル、幅1.72メートル、最大厚さ0.5メートル）が発見された。

　ブルドーザーによる表土剝ぎの段階で発見されたため、正確な原位置が不明であり、下部構造と

考えられる甕棺墓には支石も検出されず、支石墓としての確認はできないという。

▶村徳永支石墓
『佐賀市史』(57)によれば、「佐賀市久保泉町村徳永遺跡の水田中の大石下から、一組の合せ甕棺が出土した」と記されている。

▶熊谷（二子山崎）支石墓
『神埼町史』(58)によれば、神埼市神埼町城原の二子山崎遺跡から、弥生の王墓で有名な福岡県春日市の須玖（岡本）遺跡のような卓石と立石の下部から、合せ甕棺（弥生中期後半）が出土し、鉄戈が共伴したとも記されている。

▶伏部大石支石墓
1982（昭和57）年、圃場整備に伴う発掘調査で、弥生前期末頃の甕棺墓群のなかから支石墓の上石と思われる大石（長さ2.08メートル、幅0.96メートル、厚さ0.46メートルの花崗岩）が発見された。大石は後世移動していて埋葬主体は特定できないが、下部構造は甕棺の支石墓と推定されるという。なおこの大石は、現在近くの神社内に移されている。

▶日吉神社の大石※
有名な吉野ヶ里遺跡の北墳丘墓の西側に日吉神社の森がある。その東からの参道中程に、立て掛けられるように置かれた支石墓の上石と思われる大石がある。後世どこからか移されたもので、原位置も不明であるという。

▶西石動（にしいしなり）遺跡
佐賀平野の中央部、脊振山地から南流する田手川が平野部へ移行する地点の西岸、海抜34メートル程度の微高地にある。
1980・81（昭和55・56）年、九州横断自動車道建設に伴う事前調査の概報で、他の遺構と共に弥生中期の支石墓1基と報告されたものである。しかしその後の調査で古墳と訂正された。
弥生時代の墳墓群の一部を破壊して古墳が築かれており、石室の天井石や側石は支石墓の上石や板石を転用したと思われるもので、弥生時代に支石墓の存在をうかがわせるものであるという。

▶枝町（馬郡）支石墓
神埼町大字鶴字馬郡の水田中の低い丘の上に、古くから支石墓の上石と思われる大石があるが、未調査のようである。なお周辺から甕棺墓が出土していて、支石墓でないかと言われている。

▶瀬ノ尾（松ノ森）支石墓
東脊振村大字大曲の横田瀬ノ尾地区の畑地に、支石墓の上石と思われる大石（露出部分が長さ2.0メートル、幅1.6メートル、厚さ0.4メートルの花崗岩）がある。未調査であるが、周辺には弥生

中期の甕棺墓を主体とする墓地があり、甕棺を埋葬主体とする支石墓の可能性があるという。

その他の支石墓参考地

佐賀県教委の森田孝志氏によれば、佐賀平野には上記のほか参考地として、次の遺跡が支石墓の遺構として考えられている。

寺浦瓦窯遺跡：小城市小城町畑田　　　上石は存在しないが遺構から推定
惣座遺跡：佐賀市大和町久池井　　　　同上
天満宮遺跡：三養基郡みやき町東尾　　大石が支石墓の上石と推定
切通遺跡：三養基郡上峰町切通　　　　甕棺墓の上部に板石がある遺構
三津永田遺跡：神崎郡吉野ヶ里町三津　同上

長　崎　県

　九州の西北部に位置する長崎県には、その西北端にある五島列島を含めた北松浦郡から南部の島原半島に至るまで、全体的にほぼ平均して支石墓遺跡が発見されている。
　特に弥生早期（夜臼式期）から存在するのは、北部地域では宇久松原・大野台・小川内・狸山・四反田・天久保と未調査の里田原の各支石墓（群）があり、南部地域では風観岳・西鬼塚・原山の各支石墓（群）が報告されている。また大規模な支石墓遺跡は、北部では大野台、南部では風観岳と原山の支石墓群である。
　大野台支石墓群は、北九十九島沿岸にあり、調査時に確認された遺構（支石墓）は47基であったが、旧状では71基あったと推定されている。
　大村湾最深部の東岸にある風観岳支石墓群は、確認されたのは35基に過ぎなかったが、周辺の石材の残置状況などから破壊されたことがわかり、山野の開墾前は全体で100基に近い大支石墓群が存在したと想定されている。
　さらに、島原半島南西部にある原山支石墓群では、数次にわたる調査の結果、第1支石墓群が10数基、第2支石墓群が27基、第3支石墓群が54基、合計90数基と報告されている。しかし第1・第2支石墓群については、戦後開拓入植者の開墾により、上記外の多数の支石墓が破壊され消滅したと言われている。
　古田正隆氏の「原山遺跡および周辺遺跡・研究史の概要」[59]によれば、戦後開拓入植直後の状況は、第1支石墓群地域には石棺墓が40～50基、第2支石墓群地域には支石墓約50基・石棺墓約50基程度存在したという。
　石棺墓が支石墓であったものかどうか、すでに消滅して不明であるが、これらに遅れて発見された第3支石墓群の54基を加えると、原山には優に200基を超える支石墓を含む墳墓群が存在したことになる。
　以上を見ても、長崎県内には400基を超える支石墓を主とする墳墓群が、弥生早期から前期にか

けて造営されていたことが想定される。

　もともと九州の西北に位置する長崎県地方は、大量の支石墓が発見されている南朝鮮の全羅南道や済州島との交流が古来より盛んであり、渡来人の定着が多かったことがうかがえる。

　しかしながら、長崎県内の各支石墓（群）について全面的な発掘調査が行われたのは、小川内支石墓（10基）の1件だけで、一部発掘調査は原山第3支石墓群54基中の34基に過ぎない。その他の支石墓遺跡については各遺跡とも確認調査の際に、数基の支石墓を発掘調査した程度にとどまっている。

　したがって、支石墓群と称しているものには、上部構造が破壊され上石・支石が欠失したものや石室が露出したもの、あるいは上石の地下を検土杖などにより探査したものが多く、かつまた調査前に破壊され地元の人々などの知見によるものなどもあり、全体的に今一つ不明確な点が免れないように思える。

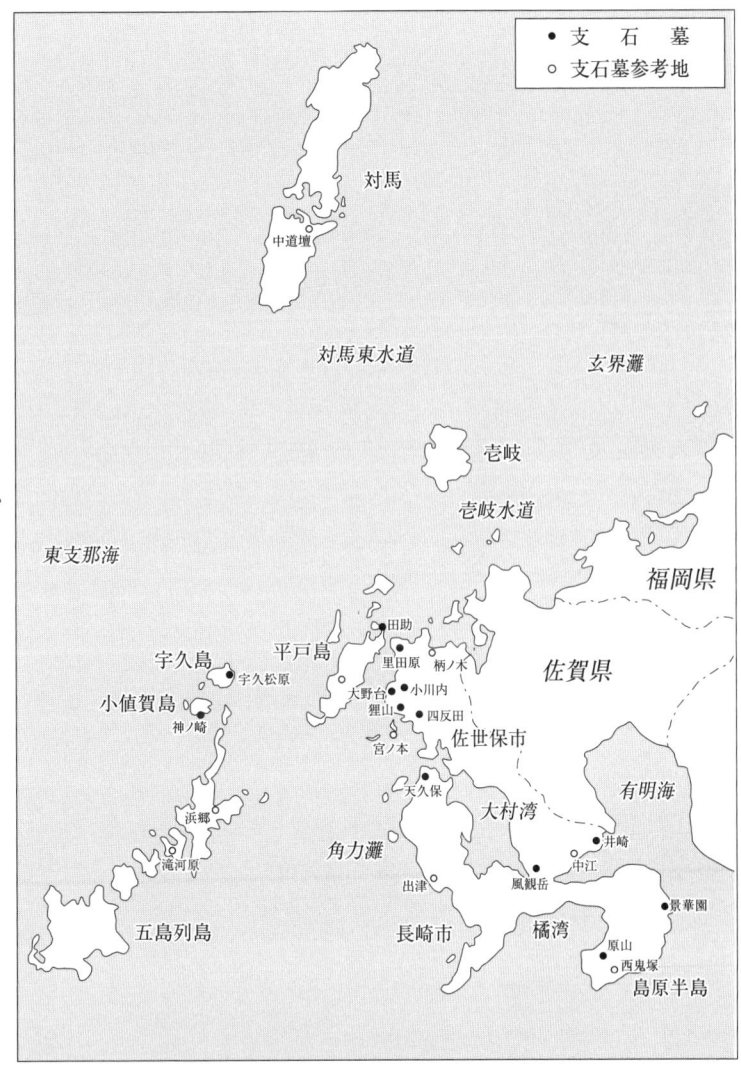

図9　長崎県内の支石墓所在地（参考地を含む）

※長崎県の支石墓については、長崎県教委の安楽勉氏が、『東アジアにおける支石墓の総合的研究』（九州大学部文学部考古学研究室、1997年）で、その概要を発表されている。本項においては、これを最新の参考資料とし、特に注釈がない場合、引用はこれを出典とする。

宇久松原支石墓

　宇久松原遺跡は、五島列島最北の宇久島（町）の中心地、宇久平港内に南面する弧状の砂丘上で、集落の中程にある神島(こうじま)神社の境内やその周辺に位置している。

　1872（明治5）年、神社近くの畑の下から畳1枚ほどの大石を掘り起こしたところ、その下に矩形状に4個の支石があり、さらにその下を掘り下げたら人骨と剣が現れたと『宇久町郷土誌』

（1969年）に記されている。

　その後1968（昭和43）年、埋め戻した地点を発掘調査した結果、下部構造は土壙で、成人女性人骨と貝輪2個・貝製垂飾品1個が出土した。また神社境内からは、甕（壺）棺7基・石棺墓2基・土壙墓1基と共に支石墓1基が発見され、支石墓の土壙内からは右足首に貝製臼玉66個を着装した壮年男子人骨が出土している。

　1977（昭和52）年、神社建替えの際、甕（壺）棺墓20基・石棺墓3基・土壙墓4基が発見された。さらに1982（昭和57）年、神社北側にある旧公民館西側の町道工事の際に、支石墓の上石とみられる巨石2個が発見されたが埋め戻された。知見などにより下部構造は土壙の可能性が強いという。

　以上の支石墓については時期がわかる遺物は発見されなかったが、近接して発見された石棺墓2基のうちの1基から板付Ⅰ式の副葬小壺が出土していて、支石墓もほぼ同時期前後のものと考えられている。

　1995（平成7）年、旧公民館西側の焼失した民家の地下から、支石墓2基（下部未調査）が発見され夜臼式土器片が出土した。翌年周辺を含め再調査した結果、95年発見の支石墓を含め6基の支石墓と甕（壺）棺墓2基・土壙墓4基が確認され、夜臼式の壺棺や甕形土器片が出土した。[60]

　上記を総合すると宇久松原遺跡での確認遺構は、弥生早期から中期前半にわたる、支石墓10基と共に甕（壺）棺墓29基・箱式石棺墓5基・土壙墓9基となるが、発掘していない墓域全般ではさらに増加の可能性があることが考えられるという。

神ノ崎支石墓

　五島列島の最北にある宇久島の南に、『古事記』神話や『肥前國風土記』にも登場する小値賀島（おぢか）がある。神ノ崎遺跡は、その小値賀島の南に接する小島（黒島）の北部から北東に、小値賀港を包むように突き出た、長さ60メートル幅40メートル程の通称神ノ崎（岬）と呼ばれる溶岩台地上にある。この岬は基部にある若宮神社の神域とされ、その松林のなかに亀石と呼ばれる大石が多数あることが知られていた。

　1983（昭和58）年、小値賀町教委を主とする確認調査で、弥生前期末から古墳時代後期にわたる支石墓1基を含む石棺（石室）墓31基と、支石墓の上石とみられる大石が確認され、その内支石墓を含む8基を発掘調査した。長年の風波などによる影響で上部構造の一部は破壊されていたが、その石棺墓の構造は板石積石棺墓（弥生時代）あるいは地下式板石積石室墓（古墳時代）であるという。[61]

　支石墓（21号）は、岬の中央丘頂部分の南側斜面にあり、上石（大きさ1.18メートルの自然石）はずれていたが支石が2個認められた。下部構造は傾斜地にあるため南側は滅失し半壊状態であったが、箱式石棺と考えられている。

　当遺跡の墳墓群は、支石墓と板石積石棺墓あるいは地下式板石積石室墓との混合構造、もしくは時期的に支石墓から移行期の構造形態とも考えられるという。

　同様の遺構は鹿児島県出水郡長島の明神下岡遺跡にも見受けられ、『肥前国風土記』の「値嘉島の住人は容貌が隼人に似ている」という記事からも、南九州の地下式板石積石室墓文化圏との関連性も指摘されている。

※神ノ崎支石墓については、支石墓として否定的意見もある。

里田原支石墓

　里田原遺跡は、北松浦郡の西北端、平戸島に接する対岸の平戸口から南東へ約1キロ、釜田川下流域の水田地帯にある。
　1972（昭和47）年から78年にかけて数次の調査結果、弥生早期から前期・中期初頭にわたる遺構・遺物が発見されている。特に著名なのは、弥生中期初頭（城ノ越式期）のドングリ加工用ピットや木工具・農耕具など大量の木製品が出土したことである。さらに1992（平成4）年、弥生早期（夜臼式期）の水田跡が発見され、水稲農耕が支石墓と共に西北九州に伝来していたことが実証された。
　往時支石墓は3支群7基存在していたと言われているが、現存するのは2支群3基だけである。支石墓の下部は、平野の東北隅にある宗像神の「鎮座石」として崇められているためか、未調査である。しかし資料館裏にある1基については、上石の下に箱式石棺の一部が露出し、蓋石の存在も認められ、形態の特徴や近くから夜臼式土器が出土している点などから、夜臼式期のものであると考えられるという。
　他の2基については時期不明であるが、元長崎県教委の正林護氏は、3支群が弥生早期末、前期後半、中期初頭の遺構地点に存在し、それぞれその時期に対応するものではないかと示唆されている。

大野台支石墓

　大野台遺跡は、北松浦半島西部のほぼ中央部で、西海岸に迫る溶岩台地間を深く湾入する江迎湾奥にある深江免台地上、鹿町川寄りの通称大野台と呼ばれる海抜50〜60メートルの緩斜面に、A〜Eの5地点に散在していた。
　1963（昭和38）年、A地点の畠地を水田へ転換工事中に箱式石棺が発見されたのが端緒で、その翌年にはB地点でも畠地改良中に箱式石棺が発見された。
　またそれ以前からも、C・D地点などからも遺物が採集されていたという。
　1966（昭和41）年、長崎県・鹿町町教委並びに長崎大学（医学部第2解剖学教室）の共催によるC・D地点の調査、1982・83（昭和57・58）年の長崎県及び鹿町町教委によるA・B地点並びにE地点の確認調査が行われた結果、大野台遺跡の全容が判明した。[62]
　A地点では、20基の箱式石棺があったと言われていたが、残存しているのは畦中にある1基だけで、しかもほとんど破壊されていた。
　B地点では、4基の箱式石棺があったが完全に滅失し、その周辺を検土杖等で調べたが、遺構は何も認められなかった。
　C地点では、箱式石棺8基と甕棺1基を確認し、周辺から支石墓の上石状巨石が1個発見された。
　D地点は、土器・石器等の遺物が出土したが、遺構は見当たらず生活跡と考えられている。

E地点からは、箱式石棺32基・積石墓１基・土壙１基・不明３基・祭祀遺構１基、計38基の遺構が確認された。また箱式石棺のうち、支石墓の上石が遺存するもの５基、支石が認められるものが８基あった。

　大野台遺跡の遺構については、上部構造がほとんど破壊され、かつまたA・B地点では１基を除き総て滅失していたような状況であった。故にこれらは、慎重を期して遺構と報告されているが、知見その他から大部分は支石墓であったと考えられている。

　大野台の遺構（支石墓？）の造営時期は、C地点が夜臼式期でも古い時期とされ、それに遅れて各地点で併行して造成されているという。

　なおE地点の38基は、墓域も広く３支群にわかれている。かつまた祭祀遺構（36号）からは、弥生後期の土器片と共に銅矛片（袋部）や鰹節形大珠（半片）が出土していて、この遺跡が弥生後期まで続いていたことがうかがわれる。

　下部構造については、E地点の上石が遺存した支石墓（14号）を発掘調査したところ、蓋石のない土壙であった。その他は、一部露出や検土杖などによる調査で不明確な点を免れないが、大部分が小型の板石を多数用いた石蓋式箱式石棺であると報告されている。またE地点には、６角形と思われる側壁石の石組石棺があり、同様に存在する原山支石群との関連も注目される。

小川内支石墓

　小川内遺跡は、大野台遺跡（支石墓群）が鹿町町の深江免台地の西側、鹿町川寄りにあるのに対して、その台地の東側直線距離にして約２キロの位置にある。

　すなわち、江迎湾に北流して注ぐ江迎川の河口から２キロほど遡った地点の東岸、江迎町大字小川内にある走落部落の舌状台地の先端部分（海抜25～26メートル）に密集していた。数基の支石墓の上に他の上石が方形に積石されて、古くから「牛の神」として信仰の対象になっていたという。

　1970（昭和45）年、当遺跡が新設の農免道路敷にあたるため、長崎大学（医学部解剖学第２教室）により発掘調査が行われ、弥生早期の支石墓10基が確認され、調査後消滅した。[63]

　小川内支石墓が特に注目されるのは、支石墓に用いた上石・蓋石・側壁石並びに床石などが、周辺で入手できる砂岩の扁平な板石を用いていて、下部構造が典型的な箱式石棺であることである。なお蓋石の使用が確実なのは、上石が遺存した４基のうち２基であった（２枚の上石ありと報告されている）。また床面には、地表下の砂岩の基盤を掘り込んでいるものもあり、さらに近くの地盤（砂岩）を工具で掘削した痕跡も見受けられるという。

　遺物としては、夜臼式期の丹塗りの壺形や椀形土器・鉢形土器、及び黒曜石の剝片などが出土している。

　同時期に造営された同一生活圏に属すると思われる、大野台と小川内の支石墓を較べてみると、大野台では小型の板石を多数用いた粗雑な箱式石棺であるのに対し、小川内では砂岩の扁平な一枚石（加工？）を用いた上石や箱式石棺で造営されている。両者には技術的にも格差があったようにも見受けられる。

　また、小川内が弥生早期の短い期間に一カ所に密集した墓地であるのに対して、大野台では弥生早期から後期に至るまで長期かつ広範囲に造営されていることも注目される。

狸山支石墓

　狸山遺跡は、北松浦半島中西部の金毘羅岳を頂点とする溶岩台地の南側にあたる、細長く湾入した佐々浦（湾）に注ぐ佐々川が江利川と合流する付近の中流域の北岸で、眼下に水田地帯を見下ろす海抜約30メートルの丘陵先端部分にある。

　1957（昭和32）年、森貞次郎氏らの調査で、弥生早期（夜臼式期）の支石墓7基が確認された。その内3基はほとんど破壊され、2基（5・6号）を発掘調査したが、他の上石が露出していた2基（3・4号）は未調査である。[64]

　調査した2基のうち6号は上石が欠失していたが、2基とも支石を有し、下部構造は薄い安山岩の板石を用いた、小型方形状の石蓋式粗製箱式石棺であった。なお破壊された3基も方形に近い粗製の箱式石棺であることが確認されている。したがって、未調査の2基の下部構造は不明であるが、当支石墓群の下部構造は石蓋式箱式石棺であると考えられている。なお同時期の大野台や小川内支石墓の下部構造と同じように、長径が1メートル以下の方形に近い石蓋式箱式石棺であり、南北に約15キロしか離れていない両者の関連性が注目される。

四反田支石墓

　四反田遺跡は、佐世保市の北部で狸山支石墓の南南東で約6.5キロ弱の地点にある。国道204号線の改良工事に伴う事前調査で発見され、弥生早期から中期にわたる住居跡や墓地・水田・貯蔵穴などが確認された。

　その内1991（平成3）年度の第2次調査区で、遺跡のほぼ中央部にあたる弥生前期後半の集落中央広場部分の空白地から、支石墓1基と箱式石棺墓1基・小児甕棺墓1基が発見された。この墓地は集落が形成される前の遺構で、弥生前期後半でも古い時期のものと考えられている。

　支石墓はすでに上石がなく、比較的大型の支石が6個土壙の縁に置かれていて、墓壙は66×58センチ深さ37センチ程度であった。なかから伯玄社タイプ（板付Ⅱa期）の小児用甕（壺）棺と板付Ⅱ式の副葬小壺が発見されている。

天久保支石墓

　天久保遺跡は、西彼杵半島の北端、佐世保湾入り口に近い西岸で、西海町天久保の面高湾を見下ろす海抜40〜50メートルの傾斜台地にあり、前々から弥生の貝塚遺跡として知られていた。

　1992（平成4）年、長崎県教委の重要遺跡の範囲確認調査で、支石墓3基と箱式石棺6基が確認された。また集落東北部の共同墓地内に支石墓の上石らしい大石が4個発見されていた。

　九州大学考古学研究室では、「東アジアにおける支石墓の総合的研究」の一環として、2次にわたり調査を行った。

　1次調査は1994（平成6）年10月、共同墓地内の支石墓と思われる大石4個（支石墓4〜7号）の実測と地形測量を実施した。しかし発掘に至らなかったため下部構造は不明であり、また1基（6号）は2枚の板石が積まれていて近世墓の可能性も考えられるという。

　2次調査は翌年の2月、1〜3号支石墓と2・3号に近接した6号箱式石棺の発掘調査が行われ

た。その結果、1号支石墓の上石の下部には遺構は認められず、かなり以前に原位置から移動したことがわかった。2・3号支石墓の下部構造は箱式石棺であったが、上石は大きくずれていた。2号支石墓の下部からは、主体部の西側に側壁を共有した小型の箱式石棺が検出された。

遺物としては、2・3号支石墓の石棺内より刻目突帯文土器片が出土し、3号支石墓からは大陸系と推定される碧玉製小型管玉15点が検出された。なお1号支石墓の下部からは、弥生前期並びに中期の土器片が出土し、天久保遺跡の時期は貝塚などを含め弥生早期から中期まで存続したことが考えられるという。

長崎県北部地域のその他の支石墓、同参考地

長崎県北部地域には、前述のほか次のとおり支石墓遺跡や参考地が報告されている。

▶田助支石墓

平戸島の最北端、平戸市大久保町の田助港を見下ろす海抜50メートル前後の台地上に、多数の箱式石棺と共に支石墓の上石状平石が5個発見されている。未発掘であるが下部構造はボーリング調査の結果、箱式石棺と考えられている。

▶栢（かや）ノ木支石墓

玄界灘に面し、松浦市内を北流する志佐川の河口から約2キロ上流の、水田地帯にある。1971（昭和46）年の調査で、弥生中期前半の箱式石棺墓3基・甕棺墓3基が確認された。このうち1号棺は通常の石棺墓と異なる形式で、すぐ傍らの畔には直径約1.2メートル厚さ20センチの自然石が立てられていた。この板石が1号石棺の上石である可能性もあり、支石墓参考地として報告されている。しかし、板石積石棺墓の可能性も考えられるという。

▶上記以外の支石墓参考地（南部地域も含む）

元長崎県教委の正林護氏は、長崎県の諸島や海岸部には、支石墓が原型ではないかと考えられる主として小型方形の石棺に積み石した「板石積石室墓」が存在し、これらは支石墓の参考地として考慮すべきであるとの考えから、次の遺跡を挙げている。[65]

中道壇遺跡：対馬市美津島町
浜郷遺跡：南松浦郡新上五島町（五島）
滝河原遺跡：南松浦郡新上五島町（五島）
根獅子遺跡：平戸市根獅子町
宮ノ本遺跡：佐世保市高島町
出津遺跡：長崎市東出津町
中江遺跡：諫早市高来町

風観岳支石墓群

　風観岳遺跡は、大村湾の最南部分の東岸にあり、大村市と諫早市の境界にある風観岳の南斜面で、海抜200メートル前後の山麓鞍部一帯に散在している。この地点は、海上交通を利用した古代の、東は有明海、西は大村湾、南は橘湾に通ずる交差点で、近世でも大村から諫早・長崎に至る長崎街道の峠部分にあたり、古代から交通の要衝であった事がうかがえる。

　1975（昭和50）年、九州横断自動車道の予定路線にあたるため、長崎県・諫早市教委の共同調査で、夜臼式期の支石墓がA地点で33基、B地点で2基、計35基（内不確実なもの15基）が発見された。(66)

　このほか支石墓の用材と見られる板石類が、畑の畔や側溝あるいは石垣等に大量使用しているのが見受けられ、その利用状況から開墾により相当数の支石墓が破壊されたことが推定されるという。

　すなわち、現在5基が確認された最鞍部部分では少なくとも40〜50基の存在が考えられ、全体では100基に近い大支石墓群であった可能性もあるという。

　調査が短期間の遺構確認調査であったため、発掘調査はA地点の2基だけで、その他は検土杖等によるものであり、下部構造については不明確なものが多い。

　支石墓として下部構造が確認された20基の内部遺構は、たまたま発掘した2基（3・8号）は土壙であったが、石蓋式箱式石棺が10基、その他は不明であると報告されている。

　また調査した2基については、3号では支石が4個認められたが、8号では支石がなかった。さらに両者とも蓋石の代わりに木蓋を使用した形跡があるという。

　なお出土した土器は大部分が夜臼式であったが、一部には板付I式併行期のものもあり、当支石墓群は弥生前期前半まで続いたと考えられている。

原山支石墓群

　原山支石墓群は、島原半島南西部で雲仙岳の南西裾野にあり、海抜200〜250メートルの緩傾斜地の高原地帯に、3群にわかれて散在していた。

　なおこの地域は、東は有明海、西は橘湾に面して双方の海岸からやや距離があるものの、火山流にせき止められた諏訪湖のほとりで、他の社会から隔絶した環境的に絶好の居住地であったと思われる。なぜここに弥生早期初頭から前期終わり頃まで、長期にわたり相当数の集団が居住していたのか（住居跡は未発見であるが）、今一つ疑問である。

　戦後入植者の開拓により、支石墓や石棺墓の存在が知られるようになり、1953（昭和28）年から80（昭和55）年にかけて数次の調査が行われた。しかしながら調査時期が遅れたため、約200基に及ぶ支石墓や石棺墓が開墾などにより殆ど消滅したと言われている。

▶第1支石墓群（A地区）

　1953年の予備調査時に土壙と箱式石棺を持つ支石墓群と箱式石棺墓が10基あったと言われていたが、1961（昭和36）年の調査時には完全に壊滅していた。なお前述の古田正隆氏によれば、戦後入植直後には石棺群が40〜50基あったという。(67)

この地域からは、山ノ寺式から遠賀川式に至る土器が出土している。

▶第2支石墓群（C地区）
　1951（昭和31）年の調査で、支石墓3基・箱式石棺墓3基のほか、それらの遺構と思われるもの、計27基が確認されている。
　その他近くのB地区で、支石墓・箱式石棺墓12基が発見されたが、未調査のまま消滅したという。なお古田正隆氏によれば、昭和30年頃には支石墓約50基・石棺墓約50基程度あった模様であるという。また出土した土器は、主として夜臼式のものである。

▶第3支石墓群（D地区）
　1960（昭和35）年の調査で40基の遺構が発見されたが、その内支石墓として確実なものは36基であった。1979・80年（昭和54・55年）、保存計画に伴う環境整備事業と補完調査で、上記のうち20基について下部を発掘調査し、そのとき新しく14基の支石墓が発見された。
　なお出土した土器は夜臼式だけであったが、夜臼式でも古いものあるいは板付Ⅰ式期に属するものも見受けられた。
　現在は、第2支石墓群の6基と共に、国指定史跡の公園として整備されている[68]。

　以上、原山の各支石墓群について概観したが、数次の調査が行われたにもかかわらず、その報告内容が断片的で全容の解明に今一つの感がある。
　しかし、過去数次にわたり調査された各氏の報告書を総合すると、時期的には弥生早期初頭から弥生前期末前後まで、長期間造営されていたことがうかがわれる。

長崎県南部地域のその他の支石墓

　長崎県南部地域には、前述の風観岳・原山支石墓群のほか、井崎・景華（花）園・西鬼塚の支石墓と、参考地として出津遺跡・中江遺跡（北部地域に一括記載）が報告されている。

▶井崎支石墓群
　井崎支石墓群は、北高来半島南部、島原半島とに挟まれた諫早湾の入り口部分で、小長井港を見下ろす丘陵上にあった。
　1934年（昭和9年）国鉄長崎本線の建設工事の際、支石墓と思われるものが7基（下部は箱式石棺か）が発見されたが、未調査のまま消滅したという。
　現在そのうちの上石1個（大きさ1.5×1.5メートル）が、小長井町在住の藤山達祥氏宅の庭に移され、出土した副葬小壺（板付Ⅱ式）1個も同氏が保管されていると伝えられている。

▶景華（花）園支石墓
　景華（花）園遺跡は、島原半島の東岸で島原市の北郊、中野町（旧三会町）の国道251号線道路沿いにある、旧島原藩の別邸景華園跡にあった弥生前期から後期の遺跡で、箱式石棺墓や甕棺墓が

確認されている。

　昭和の初め頃、土取り工事中に扁平巨石の下から板石囲いの甕棺が発見され、棺内から勾玉3個・布切れ若干、棺外から鉄剣型銅剣2本が出土した。

　なおそれ以前の1669年（元禄12年）、景華園築造の際、巨石が3個あり、その内の1個の下から中細銅矛2本が出土したことが記録に残されている。

　また、1957年（昭和32年）大水害の復旧で土取り作業中、須玖式甕棺3基が発見され、なかから鉄剣型銅剣2本と管玉73個が出土した。そのほか周辺の土中からも細形銅剣片などの遺物が採集されている。

　以上の諸点から、弥生中期、景華園区域に3基の支石墓を含む甕棺墓地が造営され、その内の1基は下部構造が石囲い甕棺の支石墓であったと考えられているが、詳細は不明である。

　現在、支石墓の上石と思われる大石の1個がその道路際に立てられ、他の1個が島原城内に展示されている。

▶西鬼塚支石墓

　西鬼塚石棺群遺跡は、島原半島の雲仙岳南麓を南流する蒲河川（かまか）の中流域、海抜60メートル前後の所にある。

　1994年（平成6年）農地造成工事に伴う事前調査で、支石墓（下部構造は土壙）1基・箱式石棺墓5基・支石墓様遺構1基が発見された。なお遺物として石棺の近くから丹塗磨研壺・甕（いずれも原山式）・十字形石器などが出土していて、支石墓は弥生早期のものと考えられている。

熊　本　県

　熊本県内で支石墓と呼ばれているものが数多く報告されているが、それらのほとんどが県北部の菊池川流域を主に、県中部を西流する白川以北に存在している。

　また支石墓遺跡として発掘調査されたものは少なく、調査結果が公表されたものは、管見では年の神（玉名市岱明町）・塔の本・田底（熊本市北区植木町）・藤尾（菊池市旭志弁利）・梅ノ木（菊池郡菊陽町）・木原（熊本市南区富合町）の6カ所だけであると思われる。なおこの6カ所についても、年の神は調査時にすでに破壊されており、塔の本と田底は下部が未調査であって、木原は下部遺構が認められず、現時点で確実に支石墓と言えるのは藤尾と梅ノ木の2カ所に過ぎない。

　その他は、支石墓の上石と思われるものが石碑などに用いられているもの、あるいは神社境内などに移されているものなど未確認のものや、周辺の遺跡調査時に巨石が発見されたが未調査に終わっているものなどである。これらのなかから、入手した資料などに掲載されたものを、後述のとおり参考地として記載した。

　なお、球磨郡あさぎり町免田地区所在の市房隠（いちふさかくれ）の箱式石棺（1号棺）[69]を、資料に基づき一応支石墓参考地として記載しているが、現在では否定的意見が多い。

　現在まで入手した資料により、県内の支石墓並びに参考地の状況を概観すると、弥生早期から前

期前半に至る初期の支石墓は見当たらず、弥生前期後半から中期及び後期初頭のものが各地に散在していることがわかる。

また、一カ所に群をなす支石墓遺跡は藤尾だけで、その他は主として甕棺墓群のなかに1～数基存在している。

このことから、菊池川流域を主とする熊本県内の支石墓は、時期的にも甕棺墓群と併存する佐賀平野や筑後平野の支石墓との関連性も考えられる。

※熊本県の支石墓については、熊本県教委の島津義昭氏が『東アジアにおける支石墓の総合的研究』（九州大学部文学部考古学研究室、1997年）で、その概要を発表されている。本項においては、これを最新の参考資料とし、特に注釈がない場合、引用はこれを出典とする。

年の神支石墓

年の神遺跡は、菊池川の下流西岸で、玉名市西方にある低丘陵台地の西寄り、玉名市岱明町大字野口字早馬にある。この台地は周辺を含め、弥生中期を中心とする縄文時代からの遺跡の密集地である。

図10　熊本内の支石墓所在地（参考地を含む）

台地上に拡がる畑地のなかに方形に区画された茂みがあり、そのなかに巨石が2個ある。西側の巨石の上には石祠が建てられ信仰の対象になっているが、地元では支石墓ではないかとの意見があった。

1953年（昭和28年）、地元の玉名高校教諭田辺哲夫氏らにより発掘調査が行われた。東側の巨石は原位置から溝際にずれ落ちており、その北側にある土壙内は板石や礫石に覆われ、土壙の規模も不明で、支石墓とは確定できなかった。

しかしながら、土壙内は後世の撹乱によるものと考えられ、付近からは多数の甕棺片も出土したことなどから、支石墓と推定されたものである。

その後周辺一帯の畑地を水田化するための圃場整備工事中、1968年（昭和43年）石祠がある地点より東へ約30メートルの地点（第Ⅰ地区）から、大石とその下部から甕棺が発見された。熊本大学

田添夏喜氏が訪れたときは大石は近くに埋め戻されていたが、大石があった地点を再調査して大形甕棺1基と小形壺棺2基を検出し、支石墓であることが確認された。なお、支石の有無は確認できなかったようであるが、甕棺内部からゴホウラ製貝輪7個や人骨片が出土した。

　すなわち、年の神遺跡（広範囲の地域）の地中から、支石墓1基が確認されたことと甕棺群の存在などから、石祠がある地点も支石墓である可能性が高まったと言える。

塔の本支石墓

　塔の本遺跡は、現在国道3号線と208号線が交差する植木町の中心部から、西へ約500メートルの海抜90メートル前後の台地上、熊本市北区植木町大字轟字塔の本にある。

　1971年（昭和46年）、地主の高永守明氏が畑地の区画整理をしていたところ、地下から多数の甕棺や土器が出土し、以前から周辺からも甕棺などが多数出土していたこともあり、地元の玉名女子高校教諭帆足文夫氏らにより発掘調査が行われた。

　その後、その調査資料等に基づき熊本県教委高木文夫氏らが精査した結果、3基の支石墓をはじめ弥生前期後半から中期初頭にわたる甕棺墓4基・壺棺墓5基・土壙墓3基などが確認されたものである。しかしながら、支石墓については、下部は未調査のまま現在に至っているとのことである。

田底支石墓

　田底支石墓は、熊本市北区植木町の最北端で、菊池川中流域にある菊鹿平野を東・北に望む合志川左岸の舌状台地の先端部分、海抜46メートルの台地上に鎮座する菅原神社の境内にある。

　1995年（平成7年）熊本大学考古学研究室が、古くから「石に乗るとおなかが痛くなる」という言い伝えで地元で崇められていた支石墓の上石と思われる大石及び周辺の測量調査を行った。その結果、下部は未調査であるが、大石が置かれている場所や、当地方で見受けられる屋根型大石の形状や加工跡などから、支石墓の上石と断定されたものである。

藤尾支石墓群

　藤尾遺跡は、菊池川の上流域で、西部阿蘇高原にある鞍岳の西麓にあたり、海抜140メートル前後の舌状台地の先端、西方に伊萩小盆地を見下ろす人口的な平坦部分で、菊池市の東南約140メートルの菊池市旭志弁利字藤尾にある。

　1957年（昭和32年）、坂本經堯氏らを中心とする旭志村教委の調査団により、発掘調査が行われた。その結果、弥生中期後半（黒髪式期）の支石墓10基・甕棺墓2基・つみ石墓4基と、その後続期と思われる石積み塚1基などが確認された。[70]

　また、支石墓の下部構造が土壙3基のほか石囲い7基という特異なものであり、かつまた10基という群をなす支石墓遺跡が発見されたのは、熊本県内でも初めてである。

　さらに、坂本經堯氏によれば、石囲い支石墓には支石が認められず、石囲いの一側（主として東側）に空隙を設けており、墓壙中心に美石があるなど、墓に見られない特異性があるという。南朝鮮や済州島で見受けられる石囲式支石墓に似た遺構で、わが国の支石墓でも珍しい形式の支石墓であるといえる。

梅ノ木支石墓

　梅ノ木遺跡は、熊本県の中部地域を阿蘇山から西流する白川の下流域で、熊本市境に近い菊陽町津久礼の白川河畔（北岸）にある。

　1982年（昭和57年）、かねてから弥生土器散布地として知られていた当地域を、圃場整備事業に伴う発掘調査で、弥生中期後半を主とする竪穴住居跡27棟・甕棺墓4基・土壙1基と、さらにその南端部分で2基の支石墓が発見された。[71]

　支石墓2基は、上石は遺存していたものの、下部の土壙内は洪水による土砂が堆積し、2号支石墓は支石も欠失し上石も原位置からずれていた。また2号支石墓の土壙内からヒトの歯が8本出土したが、2基ともそのほか遺物がなく時期は確定できなかった。しかし、土壙から黒髪式土器片が出土した点などから、同時期のものと考えられている。

　なお梅ノ木支石墓は、確実な支石墓として熊本県内での南限を示すものとして注目されるという。

熊本県内のその他の支石墓参考地

　前述のほか県内各所に、支石墓と称されているものが、参考地として下記のとおり報告されている。なお、下記以外にも一部資料に記載されているものもあるが、報告資料未入手のため除外した。

　嘘（喹）ノ前遺跡：玉名郡和水町大字平野字喹ノ前
　正福寺境内支石墓：玉名市岱明町大字山下
　伊倉両八幡宮境内支石墓：玉名市大字伊倉南方
　城ヶ崎支石墓：　　　同　　（五社さん）
　轟支石墓：熊本市植木町大字轟（「ネレノ木観音」境内）
　庄支石墓：山鹿市鹿本町大字庄字太郎丸
　長沖支石墓：山鹿市大字中字長沖
　古閑山支石墓：菊池市旭志弁利字古閑山
　ヒメサカ支石墓：菊池市旭志弁利字ヒメサカ
　ヒララ石支石墓：菊池市旭志川辺字柏木
　比良良石支石墓：菊池市大字原字比良良石
　立石支石墓：菊池市大字森北字立石
　神来支石墓：菊池市大字野間口字神来屋敷
　石ノ本支石墓：菊池市泗水町大字永出字石ノ本
　中原支石墓：合志市合生大字野野島字中原
　永田支石墓：合志市合生大字野野島字永田
　立石原支石墓：菊池郡大津町大字矢護川字立石原
　御領原支石墓：菊池郡大津町大字矢護川字御領原
　水野山支石墓：菊池郡大津町大字矢護川字水野山
　矢鉾遺跡：菊池郡大津町大字杉水字上の原・矢鉾

八ツ割ドルメン群：上益城郡甲佐町大字船津字八ツ割
麻生平ドルメン：下益城郡美里町大字馬場字麻生平
木原（西蔵）支石墓：熊本市南区郡富合町大字木原字西口
市房隠遺跡（1号石棺）：球磨郡あさぎり町免田東字吉井
天神山支石墓：天草市新和町大字大多尾

鹿児島県

　鹿児島県内で支石墓もしくは支石墓参考地として報告されている遺跡は、出水郡長島にある明神下岡遺跡、南さつま市金峰町にある下小路遺跡・高橋貝塚と、日置市吹上町にある入来(いりき)遺跡・石塚子産石・白寿遺跡などである。

　これらの遺跡は、鹿児島県の西部地域で、しかも薩摩半島中部の西海岸とその西側の天草下島との間にある長島に所在していて、その他の地方からは支石墓遺跡の報告はない。

　なお、これらの遺跡にある支石墓に上石が遺存していたのは明神下岡だけで、下小路と入来は大石（上石）と近くの原位置で発見された遺構から支石墓と考えられている。そのほかは支石墓の上石状大石から支石墓の可能性を推定されているものである。

　また、時期的には弥生中期後半以降のもので、下小路・入来支石墓の下部構造は須玖式大型合せ甕棺であり、明神下岡支石墓は弥生から古墳時代へ移行する時期の最終段階の板石積箱式石棺であった。さらに支石墓の南限を示すものと考えられる。

　即ち、西北九州に伝来した支石墓文化の一部が、時期的な変遷を経て、佐賀・筑後平野から熊本平野へさらに有明海沿岸を経由して、かつまた一方では九州西海岸を経由して、この地方に甕棺文化と共に支石墓が伝播したものとも考えられる。

明神下岡支石墓

　明神下岡遺跡は、天草下島に近い長島の西南部にある。1984年（昭和59年）の調査で、6世紀前後の地下式板石積石室墓群のなかから古いタイプのものが発見され、この古いタイプのものが支石墓ではないかと言われているものである。即ち下部構造が箱式石棺でその上に蓋石を置き、支石は板石を積み石状に用いて、その上に上石を置く形式である。[72]

　確認された30基の遺構のなかから10基を調査したところ、この古いタイプのものが6基確認された。しかもこの1基（26号）から弥生中期後半の山口式土器が出土した点からも、支石墓説を裏付けるものであるという。

　この遺跡の発掘調査を指導された山口貞徳氏は、この古いタイプを支石墓もしくは支石墓から移行段階にあるもので、地下式板石積石室墓の祖形であろうと言われている。

下小路支石墓

　下小路遺跡は、薩摩半島西岸で吹上砂丘南端に近い金峰町の高橋部落内にある。個人屋敷跡に巨

石があり、その東側4.5メートルの畑地から弥生中期後半の大形合せ甕棺が出土し、棺内から貝輪を装着した男性人骨が検出されたことから、この巨石はもともとこの甕棺の上にあったと推定され、支石墓と考えられているものである。

入来支石墓

　入来遺跡は、薩摩半島の西岸で吹上浜中部の吹上町入来集落内にある。弥生中期から後期に至る集落や墳墓群の遺跡内に、支石墓の上石状大石が２枚重ねて置かれている。

　この大石のうち１枚は、そばを通る道路拡張の際反対側の崖の上から移されたことがわかり、その原位置を発掘調査したところ合せ甕棺の土器片が出土し、その他弥生中期後半から後期前半の土器片なども出土したことから、支石墓と推定されている。

　周辺の調査から、併せて３基の支石墓があったことが推定されるという。

その他の支石墓参考地

　上記のほか、金峰町高橋貝塚遺跡内にある玉手神社に祀られている立石、吹上町入来の石塚部落に「子産石」と呼ばれ信仰の対象になっている巨石や、吹上町中之里下中之里集落内の白寿遺跡にある大石は、過去に移設され原位置が不明であるが、その形状から支石墓の上石ではないかと言われているものである。

山口県

　山口県内で支石墓として報告されているのは、中ノ浜遺跡の１件だけである。しかしながら、当地域は西北九州から遠くはなれ、この地方からは他に支石墓遺跡が発見されていないこともあり、かつまた遺構も支石墓として不確実な点もあることから、調査報告書では支石墓様遺構と報告されている。

中ノ浜支石墓

　中ノ浜遺跡は、山口県の西部で響灘に面する川棚川河口近くの砂丘上にある。

　1960年（昭和35年）から71年（昭和46年）にわたる数次の調査で、弥生前期から中期初頭にかけての土壙墓（積石・置石墓を含む）45基・箱式石棺墓40基・配石墓４基・壺棺又は甕棺墓９基・集骨墓多数という大墳墓群のほぼ中央部分から、支石墓様遺構が１基発見されたと報告されている。[73]

　その支石墓様遺構は、径1.2メートル程の不整形の板石（上石）が地表面に据えられ、その下部から３個の支石が検出された。その下部を掘り下げたところ人骨が出土したが、土壙は検出できなかったという。熊本大学の甲元眞之氏はこれを支石墓と判断されているが、一部には標石墓ではないかとの意見もある。

註
- (31) 文化財保護委員会編『志登支石墓群』埋蔵文化財発掘調査報告書第4集、1956年
- (32) 福岡県教育委員会編『「曲り田遺跡」今宿バイパス関係理蔵文化財調査報告書』1983年
- (33) 志摩町教育委員会編『新町遺跡』志摩町文化財調査報告書第7集、1987年
- (34) 前原市教育委員会編「長野宮ノ前遺跡の調査」(『永野川流域の遺跡墓群』前原市文化財調査報告書第31集、1989年)
- (35) 鏡山猛「九州における支石墓」(『志登支石墓群』埋蔵文化財発掘調査報告書第4集、1956年)
- (36) 甲元真之「西北九州支石墓の一考察」(『法文論叢』第41号、熊本大学、1975年)
- (37) 原田大六「福岡県石ヶ崎支石墓を含む原始墳墓」(『考古学雑誌』38巻4号、日本考古学会、1952年)
- (38) 柳田康雄「発掘された倭人伝の国々」(『日本の古文化』中央公論社、1985年)
- (39) 福岡県教育委員会編『三雲遺跡』福岡県文化財調査報告書第58集、1980年
- (40) 糸島市教育委員会『石崎矢風遺跡』いとしまし文化財調査報告書第3集、2010年
- (41) 古賀町誌編纂委員会編『古賀町誌』古賀町、1985年
- (42) 福岡県教育委員会『畑田遺跡』九州横断自動車道関係埋蔵文化財調査報告書第56集、1999年
- (43) 大牟田市教育委員会編『羽山台遺跡(C地点)』1975年
- (44) 吉村茂三郎編『松浦史料』第1輯、松浦史談会、1940年
- (45) 松尾禎作『北九州支石墓の研究』松尾禎作先生還暦記念事業会、1957年
- (46) 同上
- (47) 渡辺正気「唐津周辺の遺跡・瀬戸口支石墓」(唐津湾周辺遺跡調査委員会編『末盧国』六興出版、1982年)
- (48) 伊藤奎二・高倉洋彰「唐津周辺の遺跡・森田支石墓群」(『末盧国』)
- (49) 呼子町教育委員会編『大友遺跡』呼子町文化財調査報告書第1集、1981年
- (50) 宮本一夫編『佐賀県大友遺跡』Ⅰ・Ⅱ、九州大学文学部考古学研究室、2001・2002年
- (51) 下山正一「北部九州における縄文海進以降の海岸線と地盤変動傾向―有明海沿岸」(日本第四紀学会大会、1993年)
- (52) 佐賀県教育委員会編『久保泉丸山遺跡』佐賀県文化財調査報告書第84集、1985年
- (53) 高島忠平「佐賀県久保泉丸山遺跡」(佐原真編『探訪弥生の遺跡 西日本編』有斐閣、1987年)
- (54) 佐賀県教育委員会編『礫石B遺跡』佐賀県文化財調査報告書第91集、1989年
- (55) 神崎町教育委員会編『四本黒木遺跡』佐賀県神埼町文化財調査報告書第6集、1980年
- (56) 上峰町教育委員会編『船石遺跡』佐賀県上峰町教育委員会文化財調査報告書、1983年
- (57) 佐賀市史編纂委員会『佐賀市史』第1巻、佐賀市、1977年
- (58) 神埼町史編纂委員会編・刊『神埼町史』1972年
- (59) 古田正隆『重要遺跡の発見から崩壊までの記録』百人委員会埋蔵文化財報告第3集、1974年
- (60) 長崎県教育委員会編『県内主要遺跡範囲確認調査報告書』Ⅳ、1996年
- (61) 小値賀町教育委員会編『神ノ崎遺跡』小値賀町文化財調査報告書第4集、1984年
- (62) 鹿町町教育委員会編『大野台遺跡』長崎県鹿町町文化財調査報告書第1集、1983年
- (63) 坂田邦弘「長崎県小川内支石墓発掘調査報告」(『古文化談叢』第5集、九州古文化研究会、1978年)
- (64) 森貞次郎「日本における初期の支石墓・狸山支石墓」(『九州の古代文化』六興出版、1969年)
- (65) 九州大学考古学研究室支石墓研究会における正林護氏の発表資料による (1994年10月16日)
- (66) 諫早市教育委員会編『風観岳支石墓群調査報告書』諫早市文化財調査報告書第1集、1976年
- (67) 松尾禎作「原山支石墓群」(『北九州支石墓の研究』松尾禎作先生還暦記念事業会、1957年)
- (68) 北有馬町教育委員会編・刊『国指定史跡原山支石墓群環境整備事業報告書』1981年
- (69) 乙益重隆「市房隠1号石棺・地下式板石積石室墳の研究」(『国史学』83号、国史学会、1971年)
- (70) 旭志村教育委員会編『藤尾支石墓群』熊本県、1969年
- (71) 熊本県文化財保護協会編『梅ノ木遺跡』熊本県文化財調査報告書第62集、1983年
- (72) 長嶋町教育委員会編『明神下岡遺跡』鹿児島県、1986年
- (73) 豊浦町教育委員会編『史跡中ノ浜遺跡・保存管理計画策定』山口県、1984年

支石墓の構造について

完形支石墓について

　わが国の支石墓は、朝鮮半島から伝来した碁盤式を主とする支石墓であると言われている。
　しかも、わが国の支石墓遺跡は主として西北九州に限定され、そのほか熊本県・鹿児島県西部あるいは山口県にも及んでいるがその数は少ない。
　また、発見されたこれらの碁盤式支石墓のなかでも、調査時点に上石と支石が確実に遺存し、しかも下部に埋葬遺構が残っていて、支石墓と確定できるものは極く一部に過ぎない。
　すなわち、わが国の支石墓は、弥生早期から弥生中期頃までに築造されたと考えられるので、約2500年から2000年を経過するなかで、上石が遺存しているものでも、盗掘・開墾などによる一部損壊や水没あるいは土砂崩れなどで、上石のずれや支石の欠失などが見受けられる。また下部の遺構も原形を留めているものは数少ないのが現状である。
　今までに発見された支石墓のうち、正式な発掘調査が行われ、その調査報告が公表されているもののなかから、上部構造並びに下部構造の埋葬遺構が、ほぼ原形に近い状態で認められるものを、仮に「完形支石墓」（仮称）として抜粋したのが、表3（85頁参照）に示す一覧表である。
　わが国の支石墓の構造を考察するにあたっては、これらの完形支石墓についてまず検討することが、適切であると考えられる。以下、各調査報告書などの資料を基に、別表に掲げた各支石墓の構造について、上部構造と下部構造に分け、下部構造については地域的な傾向も加え比較検討を行った。

上部構造について

　わが国の支石墓は主として碁盤式の地下埋葬形である。その上部構造とは、地表面の上部にある上石・支石及びその配置やその他の状況を示すものである。

上石　（撑石・蓋石）

▶大きさ

　支石墓の上石の大きさは、朝鮮半島の支石墓の上石と較べると比較的小型で、表3でわかるとおり、最大長2メートル前後のものが大部分であり、3メートルを超えるものは船石（5.41メートル）1基（図11）だ

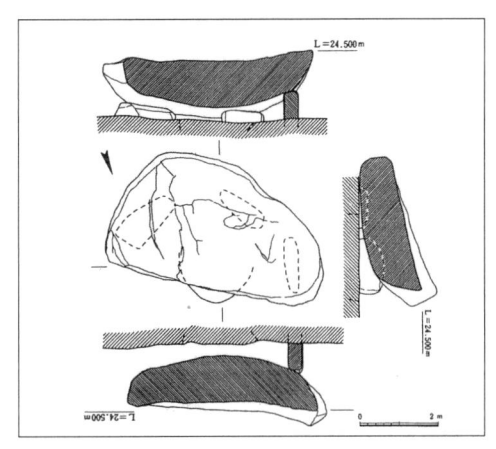

図11　船石2号支石墓

けである。なお表3に記載していないが、福岡県須玖（岡本）の3.3メートル、佐賀県南小路の3.2メートルなどの巨石もある。（図12）

これらの大型の上石は、いずれも弥生前期末から中期の支石墓に見受けられるものである。

上石の大きさが1メートルに満たない小型のものは、宇久松原と曲り田の2基（図13）だけである。曲り田の上石は、長さ0.4メートルと下部構造の墓壙と較べても極端に小型である。

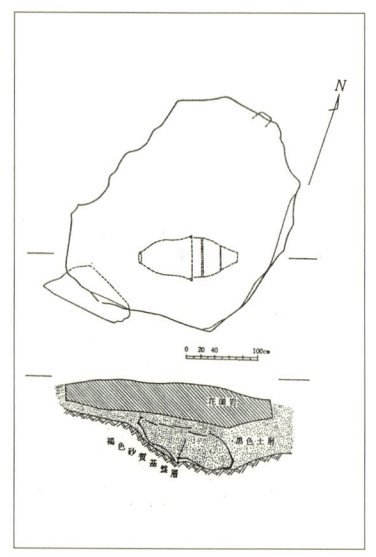

図12　南小路支石墓 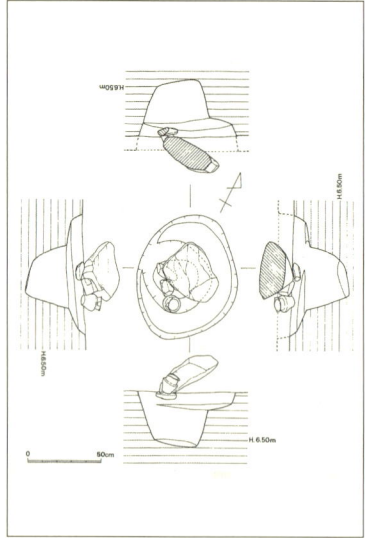　　　図13　曲り田支石墓

また一般的には、一枚の大石で下部の遺構を覆う大きさの上石が用いられているが、佐賀平野の礫石Ｂ（図14・15）では小型の細長い板石（4～5枚）を墓壙に対して横に並べて上石として用いている。他にも数枚の板石を上石として使用している事例が見受けられる。

▶形状

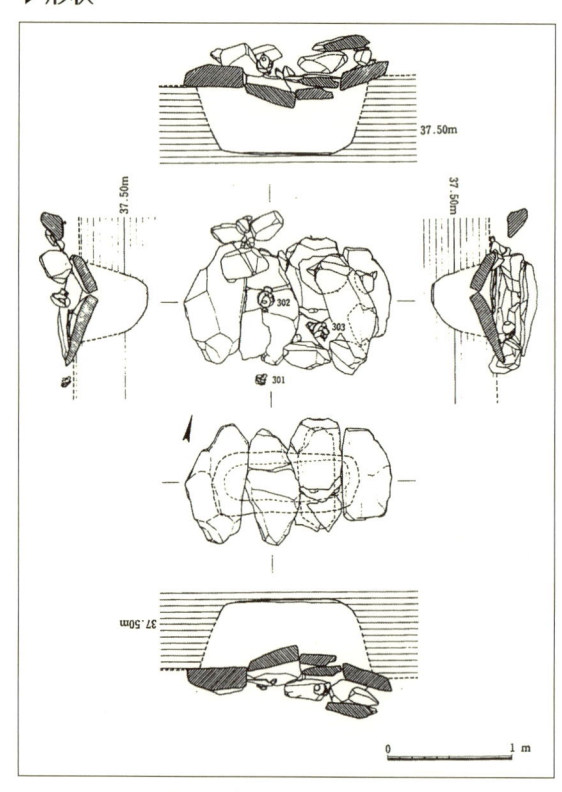

図14　礫石Ｂ・SA29支石墓 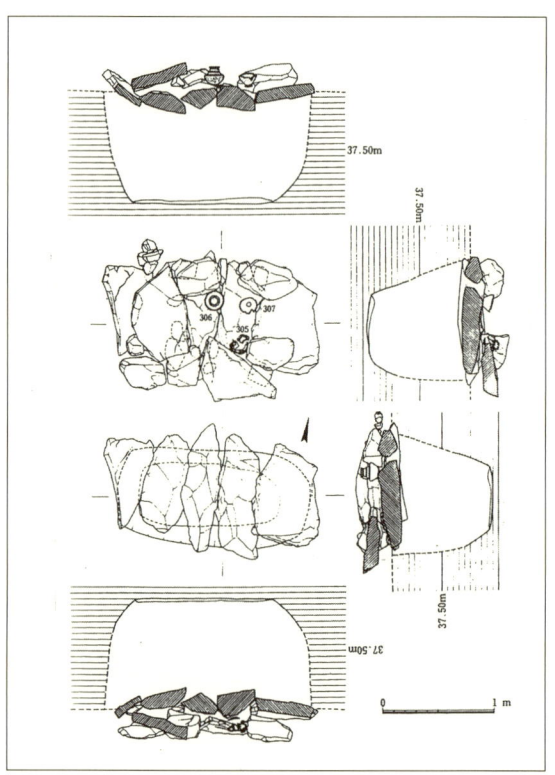　　　図15　礫石Ｂ・SA33支石墓

上石の形状は、一般的には長楕円形である。しかしながら、ほとんどが地元近くに産出する自然石を用いているため、なかには方形に近いものや台形に近いものもある。したがって、上石の厚さは0.3～0.4メートル程度のものが選ばれているが、船石2号の上石（図11）では長さ5.41メートルに対して厚さも1.1メートルと大きく、さらに船石1号（図16）の上石は長さが2.46メートルに対し0.72メートル、その他羽山台の上石などずんぐりしたものも見受けられる。

　また反面、佐賀平野の久保泉丸山（図17）、長崎県の狸山（図18）・風観岳・原山などでは、上石の厚さが0.2メートル程度と薄い板石を用いている。

　特に注目されるのは、長崎県小川内と熊本県藤尾の上石である。小川内の上石（図19）は、砂岩を用いているが、厚さが0.32・0.22・0.12・0.10メートルといずれも薄く、かつまた厚さがほぼ均一で、工具（金属器？）による加工の可能性も考えられる。

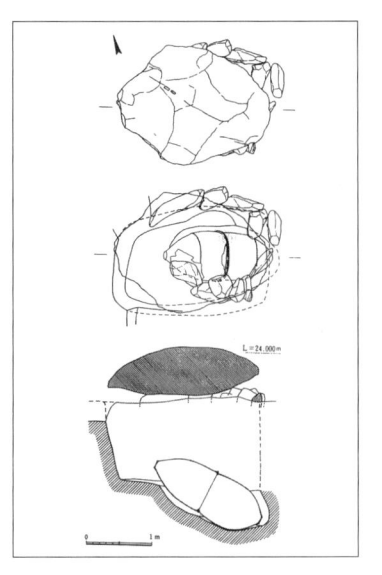

図16　船石1号支石墓

　また藤尾の上石（図20）は、近くに産する安山岩を用いているが、幾分屋根型に加工された形跡があり、そのうえ墓地に据えるときに、下部の墓壙に応じて大きさを削ったと思われる屑石が残されていたという。[74]

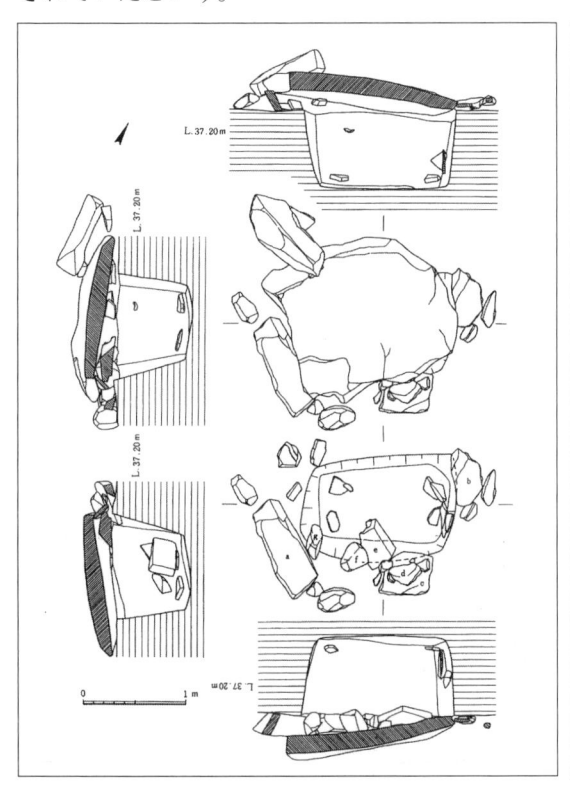

図17　久保泉丸山 SA027支石墓

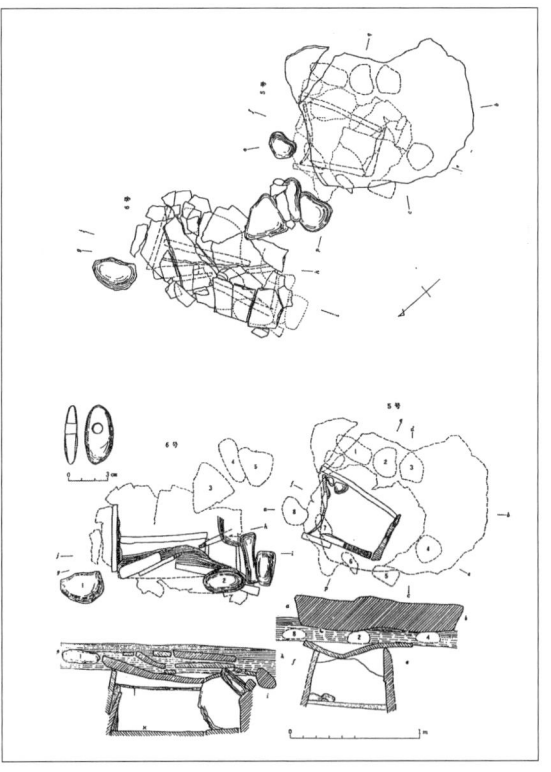

図18　狸山5・6号支石墓

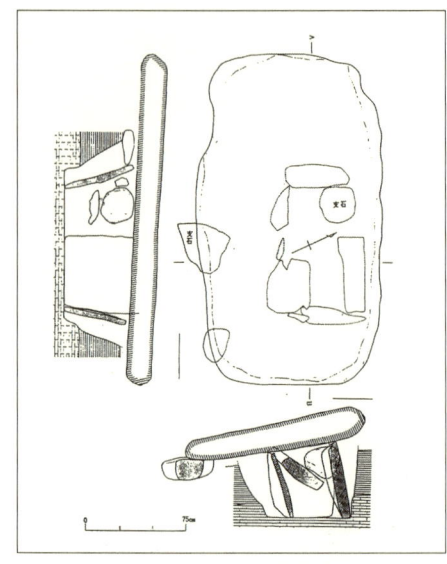

図19 小川内7号支石墓　　　　図20 藤尾7号支石墓

③材質

上石の材質は、玄界灘沿岸の唐津・糸島地方や佐賀平野では、花崗岩が用いられている。ただし志登の4基中2基と大友では玄武岩を用いていた。なお別表に記載していないが、志登の全10基で見ると花崗岩と玄武岩が半々であった。[75]

長崎県地方は、狸山の花崗岩を除けば、地元で産出する安山岩や玄武岩を用いている。そのなかで小川内だけは、支石や下部の蓋石及び石棺の側壁石ともすべて地元産の砂岩を用いている。

熊本や鹿児島地方では、地元近くの安山岩や玄武岩を使用している。

支石（下石）

わが国の支石墓の上部構造は、ほとんどが上石の下部に数個の支石を配する碁盤式であり、支石を有さない蓋石式と呼ばれる支石墓も見受けられると言われてきた。しかしながら次のとおり、石囲い式を除いては、総て支石を有していた碁盤式であったと考えられる。

▶支石の有無

表3の完形支石墓一覧表を見ると、支石がない支石墓は、下部構造が石囲い式の藤尾を除いては、風観岳と梅ノ木だけで、たまたま発掘調査した各2基中の1基に過ぎない。なお、森貞次郎氏が「明確な支石を持たない石囲墓」[76]として紹介された長崎県原山第3支石墓群の1号墓は、その後の調査で支石3個の存在が報告されている。

したがって、完形支石墓で下部構造が石囲い以外のもので、支石がないのは風観岳の1基（8号）と梅ノ木の1基（2号）だけであるが、次のとおり当初から支石がなかったと推定できない。

風観岳の8号支石墓が存在するところは、なだらかな傾斜面の杉植林地の植樹間で、現状は山林に拘わらず地目は畑地であり、かつまた支石墓下部土壙内の東側輪郭が不明瞭である点などから、過去に植林前の畑地のとき、周辺の畑地と同様に原状が損なわれたと考えられる。（図21）

さらに、梅ノ木の2号支石墓については、以前は河川敷にあったため、度々の洪水で墓壙には土砂が詰まり、支石は流失したものと見られている。[77]（図22）

なお一般的に考えると、支石がなく下部が土壙であった支石墓は、土壙内に遺物が発見されない限り、長い年月を経た現在では地上あるいは地中に埋没したただの巨石だけで、余程注意しない限り支石墓とは確認できないことも否定できない。

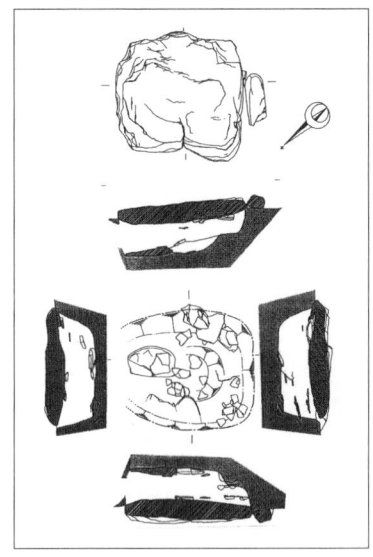

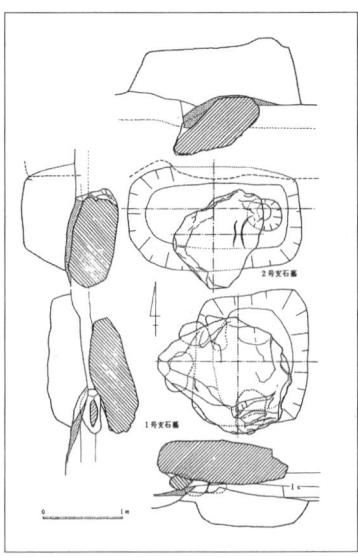

図21　風観岳8号支石墓　　　図22　梅ノ木1・2号支石墓

▶支石の配置と数

支石は塊石や川原石を用い、上石の下部の四隅に置くのが基本形と考えられる。（図23）しかしながら、その数については、多いものは10個以上も使用するものもあるが、これは多分上石を安定させるために数多く用いたものと考えられる。

なお支石を多数用いた支石墓が多く見受けられるのは、大友遺跡である。[78]

佐賀平野の礫石B（図14）のように、上石に数枚の板石を用いているため、数多くの支石を使用

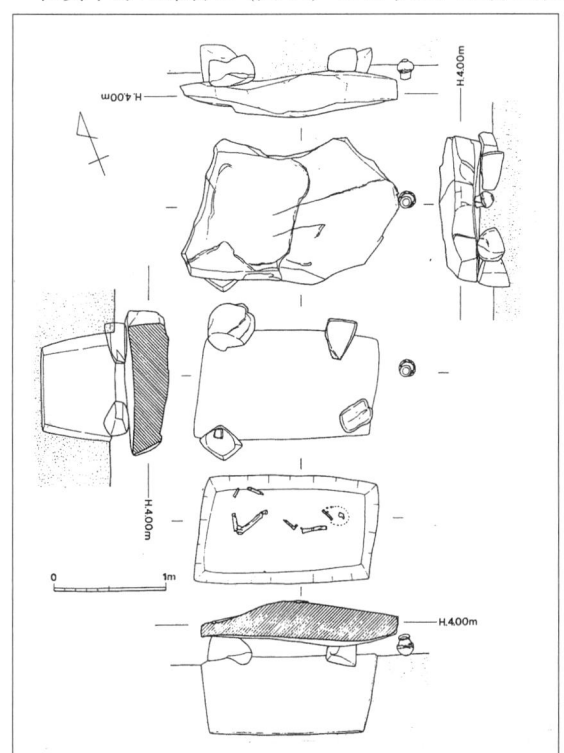

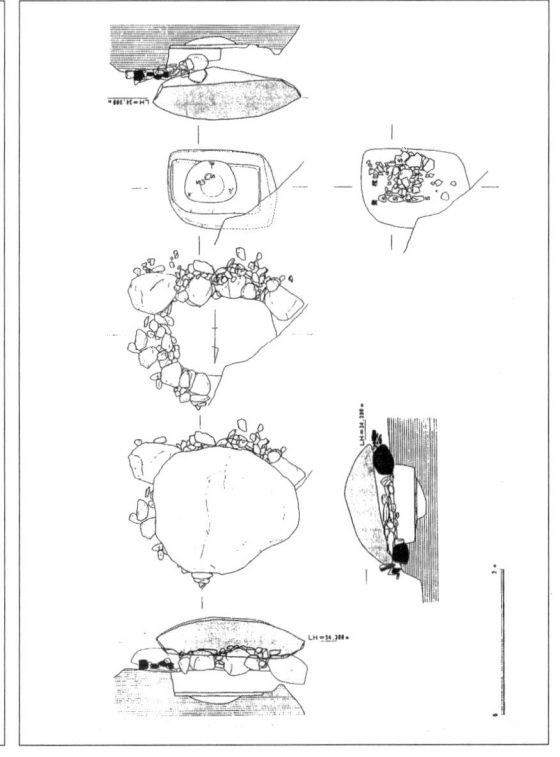

図23　新町11号支石墓　　　図24　長野宮ノ前39号支石墓

している事例もある。
　また、上石がずれたり盗掘などにより、支石の一部がなくなっているものが多数見受けられる。
　特異な例としては、糸島地方の長野宮ノ前（図24）や石ヶ崎（図25）に見られるように、上石の下部に大柄の支石のほかに小石を多数詰め込み、地表面との隙間を埋めるようにしているものもある。

③支石の材質
　支石の材質については、調査報告書に記載がなく不明なもの（表3の完形支石墓一覧表に表示がないもの）が多い。報告されたものを見ると、ほぼ上石と同じ材質を用いていることがわかる。

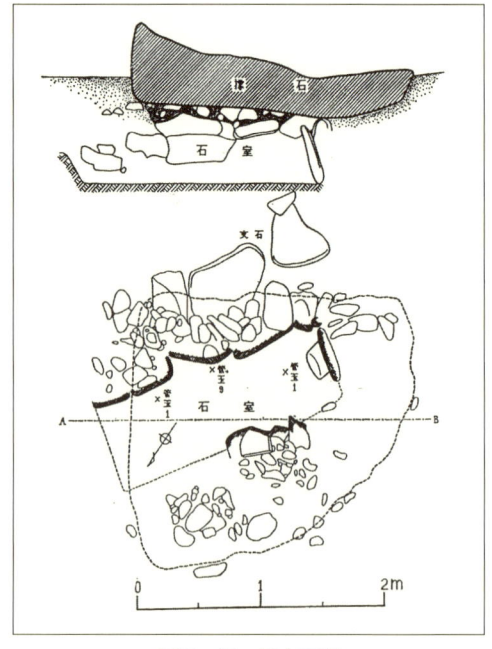

図25　石ヶ崎支石墓

下部構造について

蓋石

　わが国支石墓の下部構造の埋葬主体は、各調査報告書によれば表3のとおり、土壙・土壙木棺・土壙配石・箱式石棺・石室・石囲い・甕棺など種々存在している。蓋石はその下部構造の埋葬主体の上を覆うもので、蓋石を用いているものとないものとがあり、各地方ごとにほぼわかれているように見受けられる。
　またその蓋石には、一枚の板石を用いる場合と、数枚の小板石を横に並べて蓋をするものがあり、なかには積石石室墓のように多数の小形の平石を積み重ねたものも見受けられる。
　なお、大野台・風観岳では木蓋の使用も推測されている[79]。

※本項では、支石墓の埋葬主体と一般の墳墓を区別するため、支石墓の下部遺構の埋葬主体には「墓」を付けないこととした。

▶各地方の状況
① 玄界灘沿岸の唐津・糸島地方や福岡・筑後平野では、終末期（弥生中期）に至る支石墓でも、蓋石は見当たらない。
② 佐賀平野では、初期（弥生早期～前期前半）の支石墓では、土壙に蓋石があるものが多いが、終末期の四本黒木・船石などでは蓋石は用いられていない。
　なお、久保泉丸山では上石が残っていた2基には蓋石があるものとないものとがあり、その近くの礫石Bでは上石が残っていた2基とも蓋石があった。

ちなみに、118基の支石墓群を擁する久保泉丸山の全部を見てみると、甕棺や箱式石棺・不明分を除いた108基の土壙では、蓋石が確認されたもの47基、蓋石があったと推定されるもの53基、計100基で、ほとんどが蓋石を有する土壙であったと推察される。[80]
　また礫石Bでは、甕棺と上部が削平された不明なもの2基を除くと、全土壙に蓋石を有していた。[81]
③長崎県地方では、各支石墓（群）とも、蓋石があるものとないものが併存しているように見受けられる。表3に見られるように、小川内では4基中3基、原山第3支石墓群では9基中5基に蓋石がある。
　なお、上石が遺存していない分を含めた支石墓群（発掘調査分）でみると、大野台E地点では36基中16基、原山の第3支石墓群では20基中に12基に蓋石が確認されている。[82][83]
④熊本県では、表1のとおり調査時点に上石が存在していたのは藤尾の10基中9基、梅ノ木の2基だけであるが、その下部構造の石囲い・土壙とも蓋石は見当たらなかった。

埋葬主体

▶埋葬主体の分類

　各地で多数の支石墓が発見されているが、下部構造が完全に遺存したものは少なく、かつまた下部構造が多種多様にわたるため、まだ埋葬主体の分類定義が確立されていないように見受けられる。しかしながら、過去鏡山氏はじめ各先生方のご研究があり、それを甲元眞之氏が1978年（昭和53年）「西北九州支石墓の一考察」の論述のなかでまとめられ、かつまた自説も加え次のとおり発表されている。[84]

埋葬主体の分類例

鏡山　猛氏	土壙　甕棺　石棺　石室　石囲い　の5形態
松尾禎作氏	上記のほかに、土壙や石囲いの底部に敷石を持つタイプ
森貞次郎氏	（1）長方形粗製箱式石棺
	（2）方形に近い粗製箱式石棺
	（3）楕円形石囲み墓
	（4）円形あるいは長楕円形土壙墓
	（5）明確な支石を持たない石囲み墓
	（6）支石がなく石棺のあるもの
甲元眞之氏	（1）箱式石棺　数枚の板石を正方形もしくは長方形に組んで側壁とし、何枚かの板石で底部や蓋となしたものを棺とする。
	（2）土壙　円形もしくは長楕円形の平面形をし、すり鉢状の底部をなす素掘りの壙で、土壙の上部もしくはその周辺に小板石を配置することも多い。（一部には木棺、木蓋の存在もある）
	（3）甕棺　甕棺等にみられるような合口甕棺や単棺を埋葬主体としたものであり、一部には甕と壺の組合せをもったものもある。
	（4）石室　石ヶ崎と小田支石墓の2例があるに過ぎない。石ヶ崎の支石墓は

大きな撐石の下に、河原石などで粗雑な箱式石棺状に石室を構えたものである。また、小田支石墓の例は（中略）7個の石を（中略）矩形に配して石室状のものを構築していたという。

（5）配石土壙　これは従来石囲み墓などと称されたものとは異なり、河原石や板石で土壙に明確な縁どりを持つもので、代表的な遺跡として藤尾支石墓群を挙げることができよう。

沈　奉謹氏

九州大学にも留学経験がある韓国の沈奉謹氏は、1979年朝鮮半島の支石墓について形式分類案を発表し、その形式は北部九州にも及んでいるとし、碁盤式支石墓の埋葬主体について、次のとおり分類し、かつまた用語の定義もされている。[85]

（a）石棺　4枚ないしそれ以上の板石を立てて作った墓室を意味する。
（b）石室　数枚の割石や板石を積んで作った墓室を意味する。ときには石槨(せっかく)とも呼ばれる。
（c）土壙　文字どおりに地面を方形ないし長方形、あるいはそれ以外の形態に掘って作った墓室を意味する。
（d）甕棺　甕または壺を1個ないし2個組合わせて作った墓室を意味する。
（合口式甕棺）　2個あるいはそれ以上の甕または壺を利用して作った甕棺を意味する。

※上記の各氏の形式分類案は、1980年以前に発掘調査された支石墓の下部構造から考案された用語例であるが、その後20数年の間に多数の支石墓遺跡が発見され、より緻密な発掘調査が行われた結果、現在では適切とは言い難いものがある。

②各地方の状況

各地方の状況については、各調査報告書に記述された用語を使用し、次のとおりその概要をまとめてみた。

糸島地方

埋葬主体の種類　支石墓の埋葬主体は、土壙を主とするが木棺も多く、かつまた配石土壙と考えられるものもある。

ただし、次のように特異なものもある。

長野宮ノ前では、木棺のなかに合せ甕（壺）棺を埋葬していて、一種の木槨式とも言われている（図24）。志登では、雷山川の下流低地にあるため、河川の氾濫により破壊され泥土で埋まり、内部が不明確であるが、石囲いあるいは配石構造と考えられている（図26）。

甕棺墓や土壙墓中にただ1基だけ支石墓がある石ヶ崎では、墓室の側壁の構造が、割石を積んだり間隔をおいて並べたり、その間や片側は土壁であるなど、粗製の石室と言えるものであった（図25）。三雲加賀石も甕棺墓群中に1基だけ存在する支石墓であるが、一部破壊されて明確さを欠くも、床面には舟底状に塊石や平石の敷石があり、志登と同じような配石構造を示し、下部構造は配石土壙と報告されている（図27）。

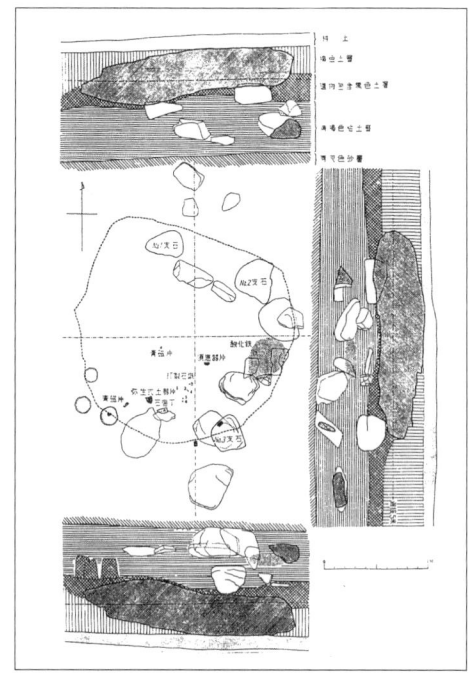

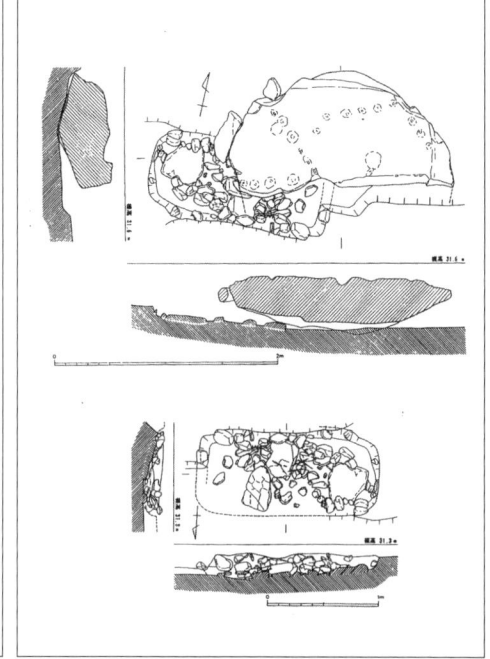

図26 志登6号支石墓　　　　　　　　　　　　図27 三雲加賀石支石墓

埋葬主体の大きさ　墓壙（土壙）の大きさは、別表の糸島地方にある支石墓の墓壙欄にみられるとおり、曲り田の小型のものや、志登の不明確のものを除けば、長さは133〜180センチ、幅50〜75センチ、深さ50〜68センチと、比較的に大型で深い。

ちなみに、発掘調査した新町の支石墓中、大きさがわかった墓壙（土壙）の平均値をみると、長さが165.5センチ、深さが56センチであった[86]（表3）。

唐津地方

埋葬主体の種類　唐津地方は、戦後最も早く支石墓の調査が行われた地域である。それゆえ、今日のような精緻な調査や全面的な発掘調査が行われず、確認調査に留まっているものが多く、開墾などで調査を待たずに破壊されたものもある。

したがって、支石墓の下部構造についても、確実に確認されたものは極く一部で、かつまた埋葬主体の種類や大きさについて詳しいデータがあるものは少ない。

各支石墓遺跡の調査資料や報告書を総合してみると、表3でもわかるとおり埋葬主体は土壙が主であると思われる。

しかしながら、下部構造まで全面的に発掘調査した大友遺跡（5・6次）では、4次調査の1基を加えた11基の支石墓のうち、9基の下部構造が配石土壙である。しかも弥生早期（夜臼式新）から弥生前期前半までの間に、時期の推移と共に支石墓9基の墓壙内の配石状況が密から粗へと変化し、弥生前期後半の2基については甕棺（複数）埋葬に変遷することがわかった[87]。（図28）

なお、下部構造に甕棺（複数）埋葬例は弥生中期の葉山尻（1号）でも見受けられる[88]。（図29）

埋葬主体の大きさ　大友遺跡初期（弥生早期）の支石墓の墓壙（配石土壙）は、長さ160〜185セ

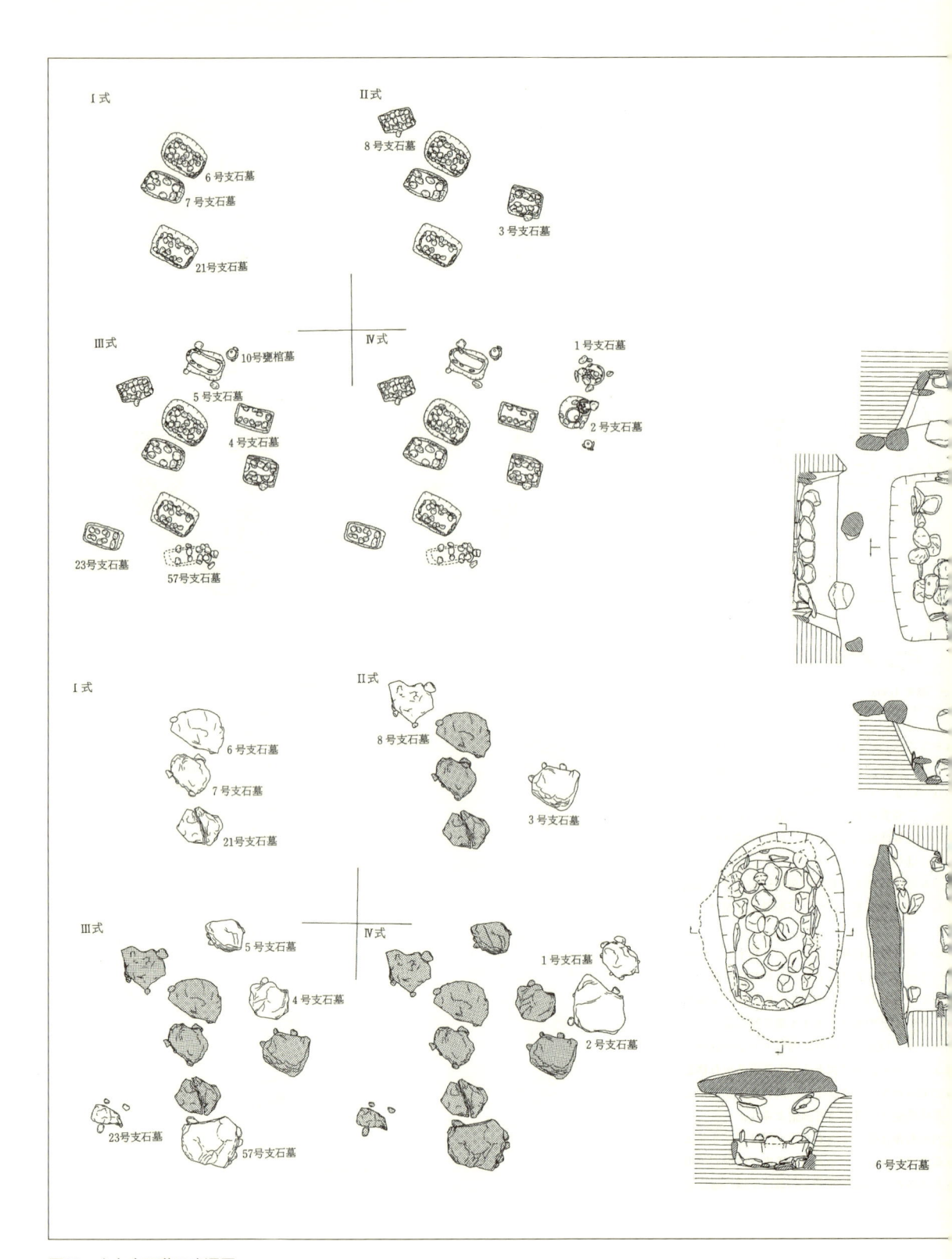

図28 大友支石墓の変遷図

74　支石墓の概要

21号支石墓

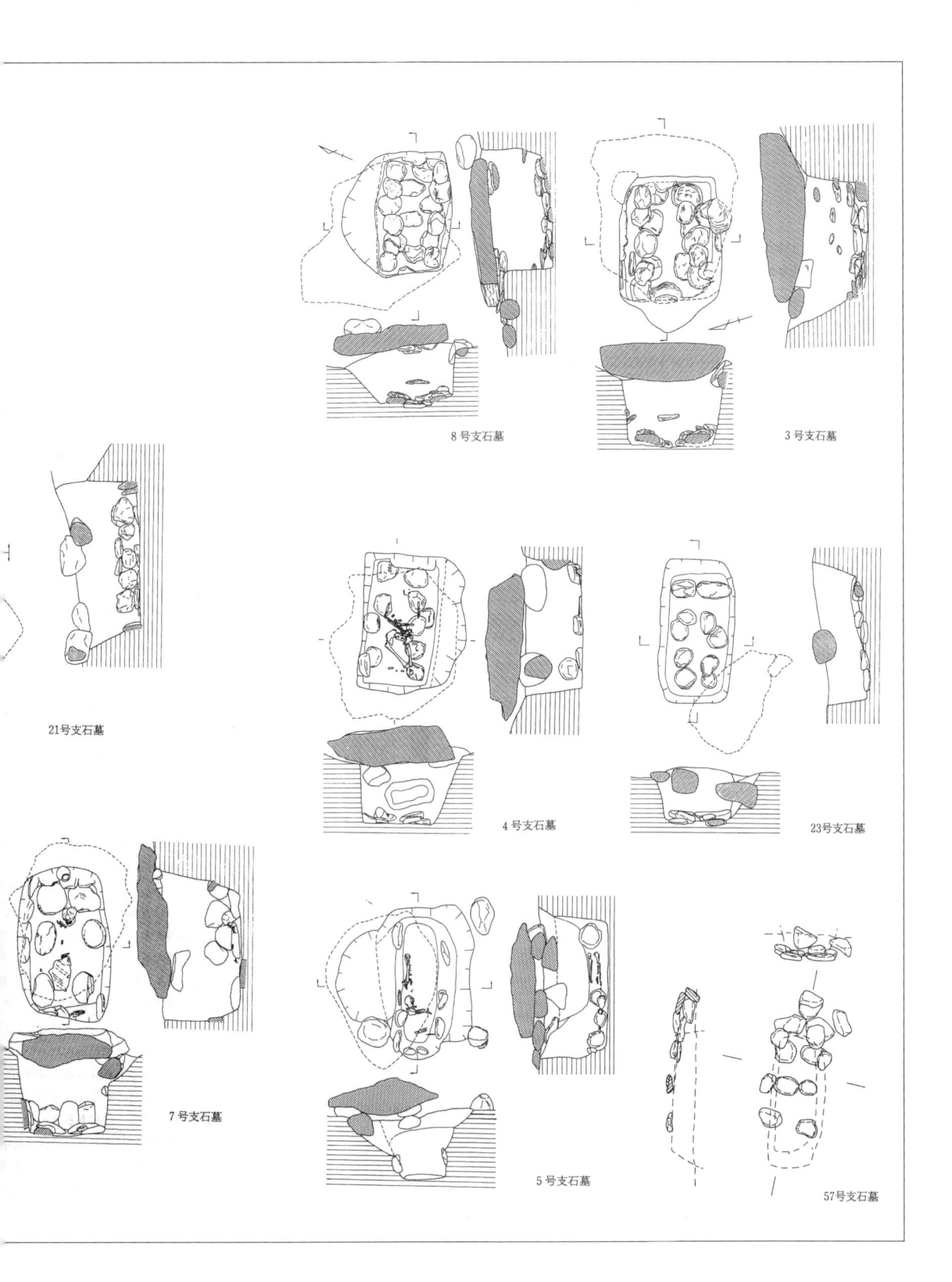

8号支石墓

3号支石墓

4号支石墓

23号支石墓

7号支石墓

5号支石墓

57号支石墓

ンチ、幅100～135センチ、深さ85センチと比較的大きい長方形であるが、その後配石状況が粗になるのにつれて小型になり、最後の配石土壙（弥生前期前半の57号）になると、長さ140センチ、幅60センチ、深さ23センチとなることが別表からもうかがえる。

そのほか唐津地方の支石墓の墓壙（土壙）の大きさは、長さ150～160センチ、幅65センチ（1基のみ144センチ）、深さ70～80センチと、平面円形に近いものや深いものもある。

なお別表には記載されてはいないが、1995年九大考古学研究室が発掘調査した森田4号支石墓は、下部構造が開墾でいく分削平されたため深さが10～15センチと浅い墓壙であったが、長さ137センチ幅80～90センチと方形を呈する小型のものもある(89)（図30）。

以上のほか、唐津地方では全体で11カ所の支石墓遺跡が報告されているが、一部調査のまま破壊されたもの、あるいは確認調査だけで発掘調査が行われてないものなどで、この地方の支石墓の下部構造については、明確なものが見出せないのが実情である。

佐賀平野

埋葬主体の種類　佐賀平野の支石墓は、石蓋土壙が主流である。しかし、その土壙のうちには糸島地方と同様に、木棺を埋葬したと推定されるものも多い。なお甕棺の埋葬も若干見受けられるが、弥生前期中頃までは鉢や壺・甕を用いた小児用と考えられている。弥生前期終末頃以降になると、他の地方と同様に支石墓の埋葬主体は成人用を含めて甕棺が使用されて来る。

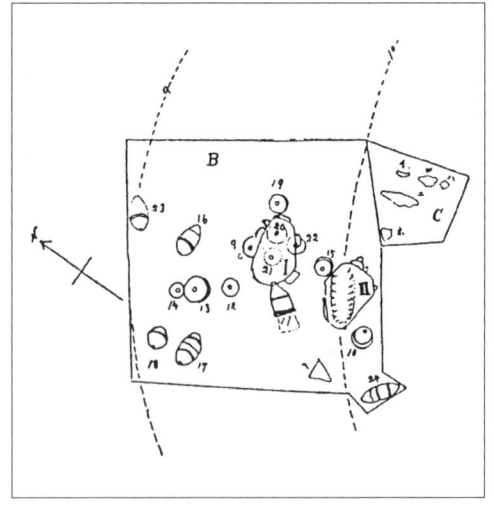

図29　葉山尻1号支石墓

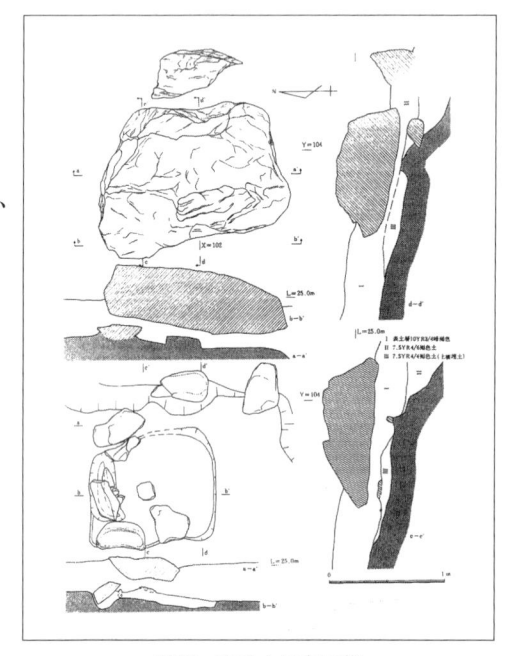

図30　森田4号支石墓

ちなみに、118基の支石墓群からなる久保泉丸山の埋葬主体を見ると、土壙が111基、甕（壺）棺6基、粗製箱式石棺1基と分類されている。またその土壙のうち、床面のほぼ四隅に敷石があるなど、木棺の可能性を示唆するもの（図31）が25基（約4分の1弱）あった。また、土壙の形状は、殆んどが平面隅丸長方形と報告されている(90)。

埋葬主体の大きさ　別表による墓壙（土壙）の大きさは、長さ145～180センチ、幅60～100センチ、深さ55～90センチであるが、件数も少なく一部不明確なものもある。故に、大量の支石墓で構成される久保泉丸山の事例をみると、その平均値は長さ130～150センチ、幅70～100センチ、深さ60～80センチ程度である。そのほか、久保泉丸山に近い礫石Bや黒土原などの支石墓群も、ほぼ同様の大きさである。即ち糸島地方に較べると、長さはやや短いが深さがある。

特に注目されるのは、弥生中期の船石2号支石墓である。長さが5メートルを超える上石と1メートル余の支石の下部構造は、地表面の径が2メートル前後の円形に近い楕円形の墓壙であったが、墓壙のなかほどで拡がり底部はすぼまっていたが、深さが3.3メートルもあった。後世盗掘によるものか内部が撹乱されていて、埋葬主体が不明である（図32）。

　かように深い竪穴の墓壙はわが国では他に例がないため、調査報告書では下部に埋葬施設があったかどうか不明であり、支石墓として疑問視されている。[91]

　しかしながら、近年韓国慶尚南道の昌原徳川里遺跡から、地下4.4メートルに埋葬施設を持つ支石墓（1号）が発見されていることから考えると、船石2号墓も支石墓として見なしてもよいのではなかろうか。（図33）[92]

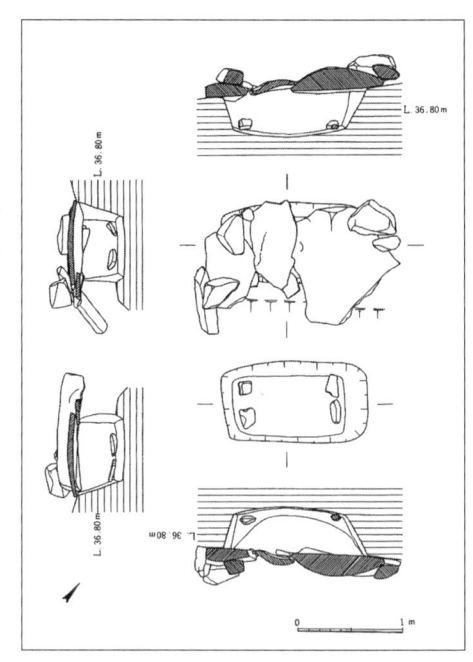

図31　久保泉山 SA058支石墓

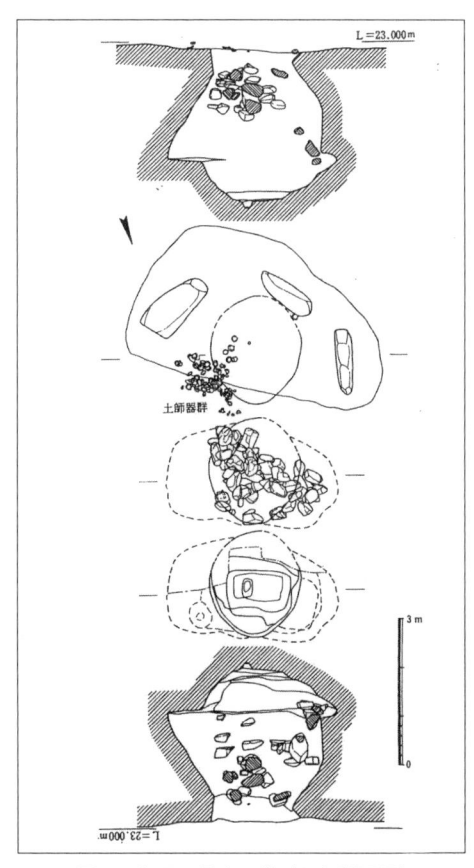

図32　船石2号支石墓（下部断面図） 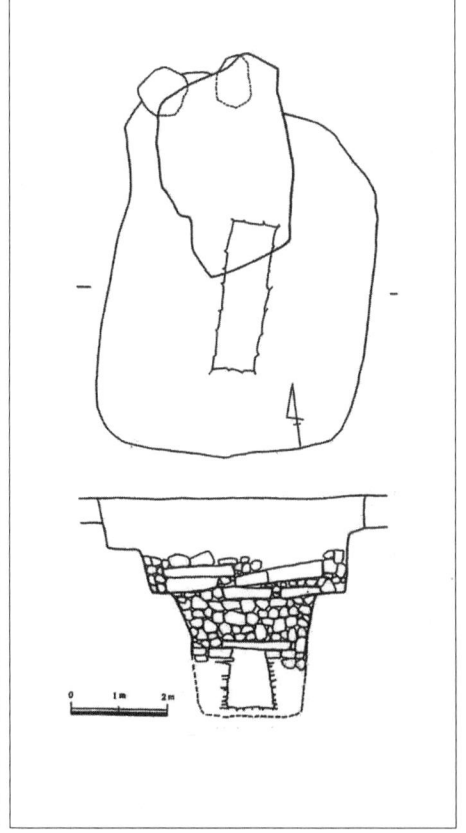　　図33　徳川里1号支石墓（下部断面図）

長崎県地方

埋葬主体の種類　九州の西北海岸に面する長崎県地方は、南北含めほぼ平均的に各地に多数の支石墓遺跡が確認されている。そのうち注目されているのは、大野台（35基＋α）、小川内（10基）、狸山（7基）、風観岳（35基＋α）、原山（81基＋α）など、総数200基を超える支石墓群である。

しかし上記のうち、下部まで発掘調査されたのは、小川内の全基と原山第3支石墓群の34基のほかは、各遺跡とも数基内に過ぎない。また、そのうち上石が遺存していた完形支石墓は、表3に示すように20基だけである。したがってこれらの発掘調査の結果だけで、当地方全体の支石墓の下部構造を断定することは、現時点では不適切と言わざるを得ない。

例えば大野台では、上石が遺存した内の1基（E地点14号）を発掘調査したところ土壙であったが、その他は上部の一部露出や検土杖などによる判断で、箱式石棺と報告されている。[93]

また風観岳も、下部遺構が確認された20基のうち、発掘調査した2基は土壙、検土杖等による調査で箱式石棺10基、その他は不明とされているが、2基以外は箱式石棺を含め下部構造の詳細は未調査のため不明である。[94]

なお全基発掘調査した小川内では、1基（9号）だけが粗製石室の構造であったが、その他の9基は全部砂岩製の薄い板石を用いた典型的な箱式石棺であった[95]（図19）。

小川内と同じような構造の狸山では、すでに破壊されたものもあったが、2基の発掘調査で7基全部が粗製の箱式石棺と報告され、かつまた比較的薄い板石が使用されている[96]（図18）。

さらに、長崎県で最も南に位置し大支石墓群を擁する原山については、別表のとおり完形支石墓10基中、箱式石棺7基・土壙2基・石囲い1基である。なお原山支石墓群全体については、第1支石墓群・第2支石墓群は大部分がすでに開墾などにより破壊消滅し、埋葬主体の構成比は不明である。しかし知見などにより、第1支石墓群の10数基は土壙と箱式石棺が各半数程度、第2支石墓群の27基は総てが方形に近い粗製の箱式石棺と言われている。破壊を免れた第3支石墓群の54基の埋葬主体は、箱式石棺30基・土壙14基・甕棺3基・石囲い甕棺1基・不明6基で、箱式石棺が主であると言われている長崎県北部に対して、原山では土壙の比率が高いことがうかがえる。[97]

埋葬主体の大きさ

(a) 土壙　風観岳2基の墓壙の大きさは、3号が長さ140センチ、幅40センチ、深さ30センチ（最大）、8号は長さ185センチ、幅150センチ、深さ40センチで、3号は長方形であるが8号はほぼ方形に近い平面プランであった。

上記に対し、大野台E地点14号は長さ70センチ、幅65センチ、深さ48センチ、原山第3支石墓群32号は長さ91センチ、幅80センチ、深さ25センチ、同100号は長さ60センチ、幅52センチ、深さ25センチと、長さが短く円形に近い平面プランである。深さは他の地区に較べると浅い。

(b) 箱式石棺　別表に記載された長崎県内の支石墓は20基であるが、そのうち箱式石棺は13基である。これらのうち積石墓的な五島列島の神ノ崎を除いた箱式石棺の大きさは、長さ60〜110センチ、幅30〜65センチ、深さ20〜55センチと小形で深さも浅いものが多い。

また下部構造の大きさが確認され、上石が遺存しない分も加えた各支石墓群では、次のとおりであった。

大野台では、全体で40基の箱式石棺が確認されているが、下部未調査のため大きさが不明なも

のが多い。判明している分だけの大きさを調べてみると、長さ49〜106センチ、幅33〜63センチ、深さ39〜62センチであった。しかし長さが100センチを超えるものは1基だけで、深さも50センチを超えるものは2基に過ぎず、長さのわりに幅が広く方形状のものが多く、また他に較べると深さがやや浅い。[98]

　小川内10基では、長さ63〜102センチ、幅38〜72センチ、深さ34〜64センチであるが、長さが100センチを超えるものは1基だけで、方形状が3基、長方形が7基である。深さは平均50.5センチと、この地域の他の支石墓群と較べるとやや深い。なお地盤の砂岩を削って深さを求めている点が注目される。[99]

　狸山の2基は、長さ94・60センチ、幅30・40センチ、深さ40センチと小型で浅いが、長方形と方形状にわかれている。[100]

　原山では、第3支石墓群の54基中箱式石棺は30基であったが、下部未調査もあり、大きさが確認されたのは19基に過ぎない。これらの大きさは、長さ53〜100センチ、幅34〜50センチ、深さ20〜40センチと小型で浅い。形状についても、長径に対する短径比をみると2以上が8基で、長方形と方形状がほぼ半々であることがうかがえる。また、長方形のものは浅く、方形状のものはやや深い。[101]

　なお当地方で注目されるのは、表3には記載されていないが、多角形の箱式石棺と言われる、大野台31号並びに原山106号支石墓である。大野台31号は、上石も支石もなく発掘未調査であるが、6枚の石材をほとんど重ならないように六角形に組んでいるのが、露出して見受けられた（図34）。また原山106号は、上石は失われ支石が2個残っていたが、長さ88センチ、幅40センチ、深さ20センチの長めの六角形の平面プランである。さらに小形の板状石が周囲に立て掛けられた状態であった（図35）。

　なお、「本遺構は、板状石を方形に組み、板石をもって上部を被覆する箱式石棺ではなく、多角形の棺体を板石群で被覆する「積石墓」の形状を有する遺構であった可能性が強い。類似の形状を

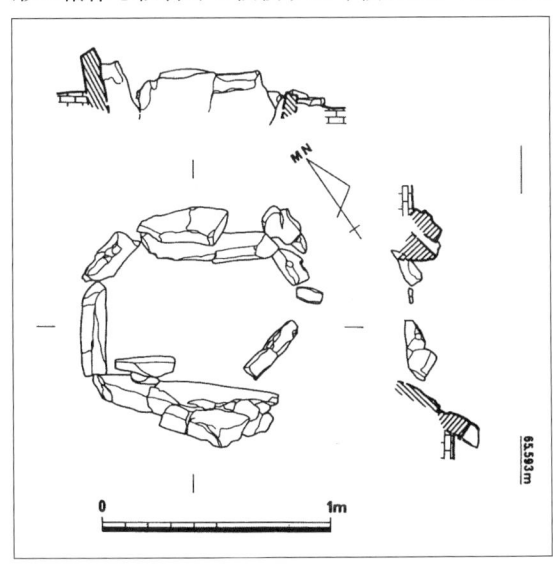

図34　大野台31号支石墓　　　　　　　　図35　原山106号支石墓

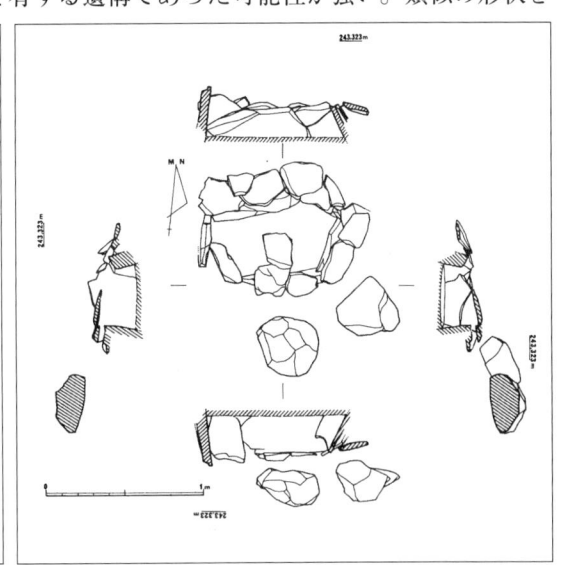

有するものとして、本県北松浦郡宇久島の松原遺跡２号石棺がある」という。[102]

熊本県地方

熊本県地方では、主として北部の菊池川流域を中心に、多数の支石墓遺跡が知られている。調査時点に上石が遺存し下部まで発掘調査した支石墓は、表３のとおり、菊池郡旭志村の藤尾の９基と、菊陽町の梅ノ木の２基だけである。

埋葬主体の種類　藤尾の埋葬主体は、表３のとおり、土壙３基と石囲い６基であった。なお石囲いの１基（１号のＢ）には、小児用と思われる小形甕棺（黒髪式）が埋葬されていた。

梅ノ木は２基とも土壙であった。石囲い式の特徴は、長楕円形の墓壙内壁に平たい川原石を縦に並び立てて側壁としたもので、石の大きさは30センチ程度であった。この石囲い式構造で注目されるのは、その石囲いの一側（主として東側）に空隙を作っていることである。これは偶発的なものではなく意識されたものと考えられ、発掘された坂本經堯氏は、「葬観念からなされたものであろう」と推測されている[103]（図36・37。甲元眞之氏は、坂本氏の石囲い説に対し、前述のとおり配石土壙と判断されている。）

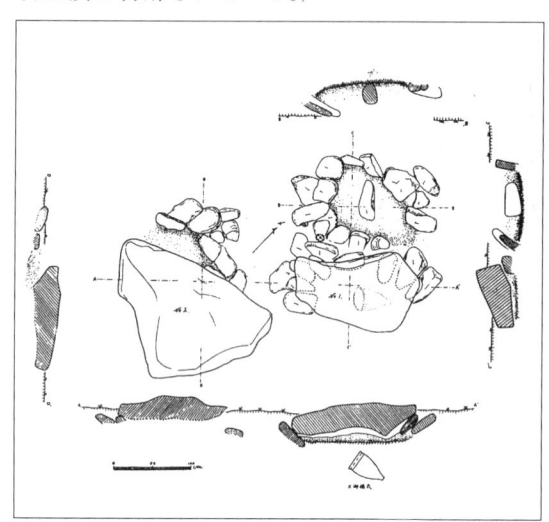

図36　藤尾１・２支石墓　　　　　　　図37　藤尾８号支石墓

さらに墓壙内部のほぼ中心部分に、床面より浮いた状態で、美石と呼ばれる大きさ40〜50センチ程度の、長卵形や長方形の赤色など肌のきれいな川原石が、土壙を含め４基存在していた。

この美石について坂本氏は、「支石墓の上石は埋葬後ある期間を経て置かれたもので、一時的な埋葬方式では埋葬後盛り土をした上に、美石を立てて標石としたものであろう」と、支石墓が二次にわたり設営されたと推定されている。

埋葬主体の大きさ

(a) 土壙　藤尾の土壙３基中１基は盗掘により不明であるが、他の２基はほぼ円形で、大きさは３号が径約80センチ、深さ35〜50センチ、５号が径125×130センチ、深さ35センチと、２基とも浅く船底状を呈していた。

梅ノ木の２基は河川の洪水により不明確な点は免れないが、長さ155・212センチ、幅137・121

センチ、深さ約 50.81 センチと大形で深さもある。

　(b) 石囲い　藤尾の石囲いの大きさは、別表のとおり、不明分を除き長さ90〜130センチ、幅40〜90センチ、深さ30〜40センチの楕円形で、深さが浅い。（図36・37）

　その他

　前述以外に、熊本県南部の市房隠(いちふさかくれ)、鹿児島県長島の明神下岡、山口県豊浦町の中ノ浜などの遺跡のなかに、支石墓として報告されたものがある。しかしながら、これらは支石墓としては否定的意見もあり、基数も少ないので、参考資料として表3に記載するにとどめた。

まとめ

　前述のとおり、発掘調査した支石墓のうち上石及び下部遺構ともほぼ原形を遺存している「完形支石墓」を中心に、わが国の支石墓の構造について検討を行ってきた。

　しかしながら、完形支石墓の総数は別表のとおり72基に過ぎず、現在までわが国で発見された支石墓総数（未確認のものあるいは消滅したものを含め推定数）707基に較べると、10パーセント程度で余りにも少ない。

上部構造について

　わが国の支石墓は朝鮮半島の碁盤式支石墓であると言われているが、藤尾支石墓群（図20・37・38）に見受けられるように、朝鮮半島の蓋石式のうち地下囲石敷支石墓に類する「石囲い」支石墓が存在していることも注目すべきであると思われる[105]。

　しかも前述のとおり、石囲い支石墓だけには支石が存在せず、それ以外の支石墓（碁盤式）には支石を用いたと考えられる。

▶上石

　上石の大きさは、弥生中期以降になると一部には3メートルを超える巨石（船石では5メートル超）が見受けられるが、一般的には下部の墓壙を覆う程度の2メートル前後の自然石が大部分である。

　なお、佐賀県礫石B支石墓（図14・15）のように小形の板石を数枚横に用いている事例もある。なかには曲り田のように、小型のものもある。

　また上石の形状はほぼ楕円形で、地元で産する自然石を利用している。しかしなかには、小川内や藤尾に見受けられるように加工されたものもある[106]。

　その材質については、地元で入手しやすい玄武岩や安山岩など用いているところもあるが、花崗岩を用いるのが基本であるように見受けられる。

▶支石

　碁盤式支石墓の支石は、上石の下部、墓壙の四隅に用いるのが基本と考えられるが、上石の安定のためさらに多く用いるもの、あるいは1〜3個で済ましているものもある。また数枚の上石を用

いているものは、その枚数に応じ10数個の支石を使用している例もある。
　なお長野宮ノ前や石ヶ崎の支石墓のように、上石の下部、墓壙の地表面の周囲に大小多くの塊石を上石との隙間を埋めるように置く形式は、朝鮮半島の蓋石式（地下式）に見られるもので、あるいはその影響かとも考えられる。
　支石の材質についても花崗岩を用いるものが多く、特に玄界灘沿岸の唐津・糸島地方では花崗岩を上石・支石とも使用しているのが多く、これが基本的な様式（墓制思想）ではなかったかとも思われる。その他の地方では上石・支石も同じ玄武岩や安山岩を用いているのが多い（最近の調査報告書でも支石の材質を記入していないものが多く、さらに検討を要すると思われる）。

下部構造について

　わが国の支石墓の埋葬主体は、別表に見られるとおり、初期の支石墓については土壙・木棺・甕（壺）棺・箱式石棺・石室・配石・石囲いなど多様な形式が見受けられるが、弥生前期末以降になると甕棺に移行していく。

▶地域別特色

　前述のとおり、完形支石墓について各地方別の下部構造をみてきたが、完形支石墓を含めた支石墓全般について考察してみると、各地方ごとに次のとおり、埋葬主体に同じ傾向の特色が見受けられる。

①玄界灘沿岸の唐津・糸島地方は、土壙を主とし甕（壺）棺も使用されているが、木棺や配石土壙も見受けられる。また墓壙は他の地方に較べると大形で深さも深いものが多い。また蓋石の使用は認められない。
　特異な埋葬主体として、石ヶ崎の粗製石室（図25）が挙げられる。この埋葬主体については、宮本一夫氏の「中国東北地方の支石墓」[107]のなかで紹介された遼東地方の東山M3号大石蓋墓（図38）に余りにも酷似している。即ち石ヶ崎の埋葬主体の構造は、単なる粗製ではなく意図的な構造とも考えられないだろうか。

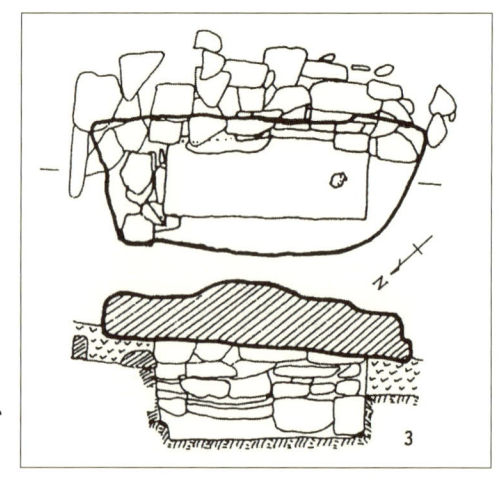

図38　遼東・東山M3号大蓋墓

②佐賀平野は、石蓋土壙が主であるが、箱式石棺や甕（壺）棺も使用されている。また木棺の存在も推定される。墓壙（土壙）の大きさは、糸島地方に較べるとやや小さいが、深さは最も深い。なお、蓋石は一枚石もあるが、ほとんどが数枚の平石を土壙の長径に対し横に並べて用いている。

③長崎県の北部地方は、ほとんどが箱式石棺であるが、西海岸沿岸部や諸島には土壙も見受けられる。墓室（墓壙）の大きさは小型で方形状のものが多く、深さも比較的に浅い。

なお、蓋石がないものもあるが、薄い一枚石を用いたものと、数枚の平石を用いたものとがある。

④長崎県南部地方は、箱式石棺が主であるが、土壙もかなり用いられている。
墓室（墓壙）の大きさは小型で長方形と方形状のものが半々程度であり、方形状のものは比較的に深く、長方形のものは浅い傾向がある。
なお土壙には、蓋石がないものも見受けられる。

⑤熊本県・鹿児島県地方は、現時点では弥生中期以降のものしか見当たらず、西北九州から伝来してきたものと考えられる。したがって当地方の支石墓の埋葬主体は、甕棺を主とし一部には土壙も存在している。
ただそのなかで、熊本県菊池郡旭志村の藤尾は、土壙と共に石囲いという特殊な埋葬主体を持つ支石墓群として注目される。

埋葬主体の分類について

埋葬主体の分類については、前述のとおり各調査報告書の記載に従い記述してきたが、内容をよく見ると下部構造の共通の分類基準がないため、箱式石棺と石室・配石あるいは石囲いなどに混乱が見受けられる。

前述のとおり、甲元眞之氏（1978年）や沈奉謹氏（1979年）などの分類試案が発表されているが、その後各地から多数の支石墓（群）遺跡の発見や原山支石墓群などの再調査もあり、かつまた近年の精緻な発掘調査と研究の成果から、埋葬主体の分類について再検討が必要であると思われる。

現在まで公表された各地の支石墓（群）の発掘調査報告書の埋葬主体について調査し、別表の完形支石墓を基として総合的に考察した結果、下記の分類案を試みた。

▶埋葬主体の分類私案
(a) 土壙
地中に長方形・円形または長楕円形の墓壙を掘り、直接遺体を埋葬したもの。
(b) 木棺
墓壙を掘った後、木棺（組合せ式ほか）を埋めたもの。またはその形跡が明らかなもの。（墓壙側壁面の傾斜の角度が小さく、四隅などに敷石などが認められるもの）。
(c) 箱式石棺
墓壙を掘った後、4枚乃至それ以上の板石を側壁面に横に立てて、長方形または方形に墓室をつくるもの。また床に平石や小礫石・砂利などを敷くものもある。
(d) 石室
墓壙を掘った後、割石や板石を積み上げて側壁とし、長方形や方形の墓室をつくるもの。また床に平石や小礫石・砂利などを敷くものもある。
(e) 石囲い
墓壙を掘った後、割石や板石あるいは川原石を縦に立て並べて側壁とし、長方形や方形などの

墓室を造るもの。

(f) 配石

墓壙を掘った後、割石や板石あるいは川原石を墓壙の側壁面や床面に並べて、長方形や長楕円形の墓室をつくるもの。（並べ方に密なものと、疎らな粗のものがある。また床面だけのものもある。）

(g) 甕棺

墓壙を掘った後、甕や壺あるいは鉢などを1個あるいは2個以上組み合わせて、墓室としたもの。

1個使用の場合は、板石や木板を蓋とし、口を上にした直立、口を下にした倒立、横置きなどがある。

2個以上使用の場合を合せ式とし、覆口式と接口式がある。横置きもあるが、斜め置きが多い。また接口方式は、弥生中期（須玖式土器）以降に見受けられるもので、接口部分の周囲を粘土で密封しているものもある。

小児用合せ甕（壺）棺には、各上部を打ち欠き覆口式として使用している。なお、下壺の上部を2分の1あるいは3分の1周だけ打ち欠き、その部分を上にして鉢または甕で覆った事例もある。

(h) その他（上記以外のもの）

木棺のなかに合せ甕（壺）棺（長野宮ノ前39号支石墓）

墓壙の片側壁が積石で、他の片側は土壁でつくられた粗製石室（？）（石ヶ崎支石墓）

甕棺の墓壙の一側に、支石も兼用した大型の立石　（朝日支石墓）

一側を欠いた箱式石棺（石囲い？）のなかに合せ甕（壺）棺（原山第3支石墓群1号支石墓）

さらに、正林護氏が「西北九州の板石積石石室」[108]で考察されたように、九州西北にある五島列島から鹿児島県の長島に至る九州西部の沿岸諸島には、古墳時代の板石積石室墓の祖形といわれる小形で方形状の支石墓状遺構が、弥生時代の積石石室墓のなかに混じって散在しているという。

以上の分類私案も完璧とは言い難く、今後の発掘調査と研究成果に期待したい。

表3　完形支石墓の一覧表

時期	遺跡名	所在地	遺構No.	上部構造 上石寸法(cm)(長×幅×厚)	支石数	蓋石有無	埋葬主体	下部構造 墓壙(石棺)寸法(cm)(長×幅×深)	内部状況	遺物	文献註No.
Ys	曲り田	糸島市二丈石崎		42×32×17 K	4 K	無	土壙	83×69×40 (約48×30)	円形二重墓壙	丹塗磨研小壺(曲り田古式)	32
Yz	新町	糸島市志摩新町	9	195×110×30 K	4 K	無	土壙木棺	158×50～58×60	熟年男性人骨(西北九州弥生人タイプ)	沈線重弧文入黒塗小壺(板付1式)	33
Yz	新町	糸島市志摩新町	11	180×120×35 K	4 K	無	土壙	133×61～70×68	成人男性人骨(保存不良)	沈線重弧文入小壺(板付1式)	33
Ys	長野宮ノ前	糸島市長野	39	203×176×? K	多数石囲状・K	無	木棺	154×109×33 (甕棺)(123×70×?)	礫床・木槨式?(二重墓壙)	黒色磨研小壺(曲り田古式)	34
Ys末	志登	糸島市志登	3	210×190×45 G	2 K	無	土壙配石	床敷石寸法 90?×60	床面礫石に小石を詰めた床		35
Yz	志登	糸島市志登	6	210×200×40 G	3 G他	無	石囲配石	長径約100	床面に11個の塊石をコの字型配置	打製石鏃6個、酸化鉄の赤色顔料	35
Yz	志登	糸島市志登	7	228×190×60 K	2 G	無	土壙配石	?130×70×50	二重墓壙?・四隅端部に敷石	弥生土器片	35
Yz	志登	糸島市志登	8	204×143×63 K	1 K	無	土壙配石	?120×50×25	床面長径軸に3ケの敷石	柳葉形磨製石鏃4本	35
Ys末	石ヶ崎	糸島市曽根		221×213×60 K	3	無	粗製石室	180×60×64	床面小礫石敷(支石間に小石詰め)	碧玉製大形管玉11ケ	37
Yz	三雲加賀石	糸島市三雲	1	204×150×45 K	1	無	土壙	164×75×20+	床面舟底状に塊石・平石敷	柳葉形磨製石鏃6本	39
Yz前半	石崎矢風	糸島市二丈石崎	1	150×105×31 K	5	無	木棺	(墓壙196×30)木棺132×49～56	底板・側板一部残存		40
Yz前半	石崎矢風	糸島市二丈石崎	2	70×60×16 K	無	有	甕棺	(墓壙84×79)中型壺の合せ甕棺		(小児用?)	40
Ys	畑田	朝倉市杷木	I	170×115×33 G	1 G	無	土壙	132×67×35 106×43×46	上石の下部に墓壙2基	外面丹塗土器黒色磨研土器	42
Yc初	羽山台	大牟田市草木		200×160×70 K	I	無	甕棺	大型接合式	墓壙(207×87×48)		43
Ys?	葉山尻	唐津市半田	3	180×115×55 K	6 K	無	土壙	158×144×50?(底95×85)	墓壙は逆円錐形、床には大小2個塊石		45
Yz初?	葉山尻	唐津市半田	4	120×135×55 K	7+	無	土壙	150×65-50×70	墓壙は長方形	黒曜石の打製石鏃1	45
Yz末	葉山尻	唐津市半田	2	205×140×45 K	10K	無	土壙	160×65×80		丹塗土器片	45
Yc	葉山尻	唐津市半田	1	185×120×30 K	7 K	無	甕棺6基		直立倒置単2基直立接合式3基水平横置単1基		45
Ys末	森田	唐津市宇木	4	180×110×40～50	?	無	土壙	137×80～90×15?	塊石6個で石囲い状?	黒色磨研土器片	48
Ys末	瀬戸口	唐津市宇木	9	210×120×50 K	2	無	土壙	径120程の不整円形。深さ不明			47

時期	遺跡名	所在地	遺構No.	上部構造 上石寸法(cm)(長×幅×厚)	支石数	蓋石有無	埋葬主体	下部構造 墓壙(石棺)寸法(cm)(長×幅×深)	内部状況	遺物	文献註No.
Ys 後半	大友	唐津市呼子町	6	210×150×30 G	10	無	土壙配石	185×135×？(底140×80)	塊石を井桁状敷、底側面に石一段積	熟年男子人骨一部残存、磨研小壺(夜臼新)	50
Ys 後半	大友	唐津市呼子町	7	160×125×30 G	4	無	土壙配石	160×100×85 (底125×80)	塊石を二方形状敷、底側面に石一段積	成年女子人骨一部残存、磨研小壺(夜臼新)	50
Ys 後半	大友	唐津市呼子町	21	168×81×23 140×95×24 (二つに割れ) G	6	無	土壙配石	175×120×85 (底140×30)	扁平石を2列敷、底側面に石一段積	獣骨片一片	50
Yz 前半	大友	唐津市呼子町	3	175×175×50 G	8	無	土壙配石	115×110×70 (底123×94)	扁平石を方形状敷、東小口に扁平石あり	熟年男子人骨一部	50
Yz 前半	大友	唐津市呼子町	8	155×130×25 G	多数	無	土壙配石	125×80×65 (底120×94)	扁平石を井桁状2列敷	熟年女子人骨、オオツタノハ貝輪着装(右腕2個、左腕3個)	50
Yz 前半	大友	唐津市呼子町	4	150×130×40 G	6	無	土壙配石	140×85×60 (底120×70)	扁平石を粗雑(2列)敷	熟年女子人骨一部	50
Yz 前半	大友	唐津市呼子町	5	160×120×40 G	11？	無	土壙配石	150×100×75 (底125×40)	長側壁3段積、最下段各側壁に扁平石を並べる(底面敷石なし)	成年男子人骨一部	50
Yz 前半	大友	唐津市呼子町	23	116×70×30 G	4	無	土壙配石	150×70×30	床面扁平石を左右5ケ対称に並べる	人骨(大腿骨1本)	50
Yz 前半	大友	唐津市呼子町	57	210×170×24 G	13	無	土壙	140×60×23	熟年男性人骨2体、頭部に朱	右前腕部に貝輪3個着装	49
Yz 後半	大友	唐津市呼子町	1	150×115×25 G	多数	無	甕棺4基	(主体・1号)	直立合せ甕棺(伯玄式)	成人人骨	50
								(2・3号)	小児用合せ甕棺(1号より新)		
								(4号)	小児用合せ甕棺(古墳前期)	乳児人骨	
Yz 末	大友	唐津市呼子町	2	240×200×40 G	12	無	甕棺3基	(主体・1号)	直立合せ甕棺(金海式)	熟年男子人骨	50
								(2号)	小児用合せ甕棺	幼児人骨一部	
								(3号)	小児用合せ甕棺	乳児歯	
							西側壁より	夜臼期の土壙墓	熟年男子人骨一部	壺片・タマキガイ科製貝輪3・骨製？貝輪1	
Ys	久保泉丸山	佐賀市久保泉町	SA27	160×140×20 K	7+K	無	土壙木棺？	147×100×74	床面に敷石4個・東小口に板石3個	黒色磨研小壺	52

時期	遺跡名	所在地	遺構No.	上部構造 上石寸法(cm)(長×幅×厚)	支石数	蓋石有無	埋葬主体	下部構造 墓壙（石棺）寸法(cm)(長×幅×深)	内部状況	遺物	文献註No.
Yz初	久保泉丸山	佐賀市久保泉町	SA65	245×140×45 K	15K	有4	土壙	148×94×60	東北隅に花崗岩の塊石大小5	丹塗磨研小壺土製円盤1ケ	52
Ys～	礫石B	佐賀市大和町	SA29	板石数枚中の1枚 K	6K	有4	土壙	? 145×60×55		褐色・黄褐色の小壺2ケ	54
Yz前半	礫石B	佐賀市大和町	SA33	板石数枚中の2枚 K	4K	有5	土壙	? 180×100×90		小壺2ケ・鉢1ケ	54
Yc前半	四本黒木	神埼市神埼町城原		152×125×40	?	無	甕棺	(315×230×?)(墓壙内攪乱)	上石下部、南西・北西端に数十枚の小配石	小石の一部に赤色顔料塗布痕	55
Yc前半	船石	三養基郡上峰町堤	1	246×182×72 K	10K	無	甕棺	接合式大型甕(墓壙223×164×134)	接合部分に粘土を目張り		56
Yc前半	船石	三養基郡上峰町堤	2	541×312×112 K	3K	無	土壙?	220×189×330	(墓壙内攪乱)深さ250の処に段差、30～250間に右記遺物	花崗岩の川原石約60個・扁平片刃石斧・土器片・鉄鎌・甕棺片	56
Ys	宇久松原	佐世保市宇久町	1	92×56×12	4	無	甕棺	丹塗磨研大形壺	(墓壙は砂地で不明)		60
Yc	神ノ崎	北松浦郡小値賀町	21	118×96×26 G?	2	?	箱式石棺	136×98×52(石棺の半部分が欠失)	板石を持ち送り式に積み上げ		61
Ys	大野台E地点	佐世保市鹿町	14	167×115×15 G	5G	無※	土壙	70×65×48 ※木蓋使用?	床に径10センチ程度の礫群	黒曜石剥片・鉢型土器	62
Ys	小川内	佐世保市江迎町	6	108×98×12 S	1S	有	箱式石棺	100×48×55	砂岩の床面を削る・敷石大小4個	黒曜石剥片・鉢形土器	63
Ys	小川内	佐世保市江迎町	7	235×140×22 S	4S	無	箱式石棺	92×38×55	砂岩の床面を削る	椀形丹塗土器片	63
Ys	小川内	佐世保市江迎町	8	198×123×32 S	1S	有	箱式石棺	68×65×46	砂岩の床面を削る、平大敷石	深鉢形土器	63
Ys	小川内	佐世保市江迎町	9	105×89×10 S	4S	有	粗製石室	63×56×34	床面小川原石敷、壁面の大部分は積石粘土詰め	深鉢形土器片	63
Ys	狸山	北松浦郡佐々町	5	130×100×20 K	8	有	粗製箱式石棺	60×40×40		壺形土器片	64
Ys	風観岳	諫早市破籠井町	3	160×120×30 G	4	無※	土壙	140×30～40×20～30	(内部攪乱?)西壁面に板石1枚	※木蓋使用?	66
Ys	風観岳	諫早市破籠井町	8	160×160×20 G	無	無※	土壙	185×150×40	墓壙断面は梯形	※木蓋使用?	66
Ys～Yz	原山II群	南島原市北有馬町	II5	145×130×7～13 A	3	有4	箱式石棺	80×50×55		土器片・木炭	68

時期	遺跡名	所在地	遺構No.	上部構造 上石寸法(cm)(長×幅×厚)	支石数	蓋石有無	埋葬主体	下部構造 墓壙(石棺)寸法(cm)(長×幅×深)	内部状況	遺物	文献註No.
Yz	原山Ⅲ群	南島原市北有馬町	Ⅲ1	170×110×25 A	3?	有	石囲甕棺	壺+甕	(墓壙 130×50×35)	夜臼式甕に籾圧痕	68
Yz	原山Ⅲ群	南島原市北有馬町	5	※	3	有	箱式石棺	90×50×50		※他へ移設(A)	68
Yz	原山Ⅲ群	南島原市北有馬町	6	140×100×25 A	5	有	箱式石棺	65×30×30	厚手敷石1枚	浅鉢土器	68
Yz	原山Ⅲ群	南島原市北有馬町	9	120×70×20 A	1	無	箱式石棺	85×35×20〜30			68
Ys〜Yz	原山Ⅲ群	南島原市北有馬町	20	※	4	有	箱式石棺	90×50×40	床周囲に敷石	※他へ移設	68
Ys〜Yz	原山Ⅲ群	南島原市北有馬町	21	160×125×20 A	4	有	箱式石棺	93×38×35			68
Ys〜Yz	原山Ⅲ群	南島原市北有馬町	32	※	4	無	土壙	91×80×25	(墓壙は円形)	※他へ移設 丸底壺	68
Ys〜Yz	原山Ⅲ群	南島原市北有馬町	43	※	2	無	箱式石棺	110×52×20		※他へ移設	68
Ys〜Yz	原山Ⅲ群	南島原市北有馬町	※	100×60×10 A	3	無	土壙	60×52×25		※遺構No.100 鉢	68
Yc後半	藤尾	菊池市旭志弁利	1B	160×100×25 A	無	無	石囲甕棺	(墓壙 120×70×30)	南側壁石、盗掘により欠失	黒髪式小壺(小児用?)	70
Yc後半	藤尾	菊池市旭志弁利	2	220×153×30 A	無	無	石囲い	?150×70×80	盗掘により北東部のみ残存		70
Yc後半	藤尾	菊池市旭志弁利	3	140×105×35 A	4	無	土壙	径約80×35〜50	(船底状円形)	床上15cm中心部に赤色美石	70
Yc後半	藤尾	菊池市旭志弁利	4	150×140×37 A	2	無	土壙 ※	(盗掘により不明)	(※甕棺?)大小甕片	天草砥石片、木炭粉末、丹塗高坏	70
Yc後半	藤尾	菊池市旭志弁利	5	140×130×40 A	5	無	土壙	125×130×35	(船底状円形)	墓壙中間に美石	70
Yc後半	藤尾	菊池市旭志弁利	6	130×95×25 A	無	無	石囲い	(不明)	上石がずれ、側壁石も散乱		70
Yc後半	藤尾	菊池市旭志弁利	7	170×120×30 A	無	無	石囲い	100×60×35	西側壁に空隙あり	墓壙中間に楕円形の美石	70
Yc後半	藤尾	菊池市旭志弁利	8	200×120×30 A	無	無	石囲い	130×90×40	東側壁に空隙あり	墓壙中間に円形の美石	70
Yc後半	藤尾	菊池市旭志弁利	9	120×100×27 A	無	無	石囲い	90×40×30	東側壁に空隙あり		70
Yc?	梅ノ木	菊池郡菊陽町	1	165×127×50 A	4+	無	土壙	155×137×50?		埋め土中から、黒髪式土器片	71
Yc?	梅ノ木	菊池郡菊陽町	2	118×93×49 A	?	無	土壙	212×121×81	洪水時の砂で埋まる	ヒトの歯8本	71

時期	遺跡名	所在地	遺構No.	上部構造 上石寸法(cm)(長×幅×厚)	支石数	蓋石有無	埋葬主体	下部構造 墓壙(石棺)寸法(cm)(長×幅×深)	内部状況	遺物	文献註No.
Yk後半	市房隠1号棺	球磨郡あさぎり町	1	96×46×18 A	無	有	箱式石棺	68×34×35		免田式壺2個	69
Yc後半	明神下岡	出水郡長島町	12	130×90×20 G	※	有	箱式石棺	107×43×30？	※支石は板石多数使用・石蓋上に小板石3～4枚積み上げ		72
Yz～Yc初	中ノ浜	下関市豊浦町		約120×120×？	3	無	土壙	(不明)	小児人骨	〈標石墓？〉	73

注（1）時期欄中の、Ysは弥生早期・Yzは弥生前期・Ycは弥生中期・Ykは弥生後期を示す。初は初頭を示す。
　（2）上石寸法・支石数欄の英字は石の材質で、Aは安山岩・Kは花崗岩・Gは玄武岩・Sは砂岩を示す。
　（3）未記入のものは、調査報告書等に記載がなく不明のもの。

註
(74) 旭志村教育委員会編『藤尾支石墓群』熊本県、1969年
(75) 文化財保護委員会編編『志登支石墓群』埋蔵文化財発掘調査報告第4集、1956年
(76) 森貞次郎「日本における初期の支石墓」(『九州の古代文化』六興出版、1969年)
(77) 熊本県文化財保護協会編『梅ノ木遺跡』熊本県文化財調査報告書第62集、1983年
(78) 宮本一夫編『佐賀県大友遺跡―弥生墳墓の発掘調査』九大考古学研究室、2001年・2003年
(79) 鹿町町教育委員会編『大野台遺跡』(長崎県鹿町町文化財調査報告書第1集、1983年)、諫早市教育委員会編『風観岳支石墓群調査報告書』(諫早市文化財調査報告書第1集、1976年)
(80) 佐賀県教育委員会『久保泉丸山遺跡』佐賀県文化財調査報告書第84集、1985年
(81) 佐賀県教育委員会『礫石B遺跡』佐賀県文化財調査報告書第91集、1989年
(82) 鹿町町教育委員会編『大野台遺跡』長崎県鹿町町文化財調査報告書第1集、1983年
(83) 北有馬町教育委員会編・刊『国指定史跡原山支石墓群環境整備事業報告書』1981年
(84) 『法文論叢』文化篇41号、熊本大学法文学会、1978年
(85) 沈奉謹「支石墓の形式分類と編年について」(福岡考古懇話会編・刊『福岡考古』10号、1979年)
(86) 志摩町教育委員会編『新町遺跡』志摩町文化財調査報告書第7集、1987年
(87) 宮本一夫編『佐賀県大友遺跡―弥生墳墓の発掘調査』九大考古学研究室、2001年
(88) 松尾禎作『北九州支石墓の研究』松尾禎作先生還暦記念事業会、1957年
(89) 九大考古学研究室「佐賀県・森田支石墓の調査」(『東アジアにおける支石墓の総合的研究』1997年)
(90) 佐賀県教育委員会編『久保泉丸山遺跡』佐賀県文化財調査報告書第84集、1985年
(91) 上峰町教育委員会編『船石遺跡』佐賀県上峰町教育委員会文化財調査報告書、1983年
(92) 李相吉「韓国・昌原徳川里遺跡発掘調査概要」(『古文化談叢第32集』1994年)
(93) 鹿町町教育委員会編『大野台遺跡』長崎県鹿町町文化財調査報告書第1集、1983年
(94) 諫早市教育委員会編『風観岳支石墓群調査報告書』諫早市文化財調査報告書第1集、1976年
(95) 坂田邦弘「長崎県小川内支石墓発掘調査報告」(『古文化談叢』第5集、九州古文化研究会、1978年)
(96) 森貞次郎「日本における初期の支石墓・狸山支石墓」(『九州の古代文化』六興出版、1969年)
(97) 北有馬町教育委員会編・刊『国指定史跡原山支石墓群環境整備事業報告書』1981年
(98) 鹿町町教育委員会編『大野台遺跡』長崎県鹿町町文化財調査報告書第1集、1983年
(99) 坂田邦弘「長崎県小川内支石墓発掘調査報告」(『古文化談叢』第5集、九州古文化研究会、1978年)
(100) 森貞次郎「日本における初期の支石墓・狸山支石墓」(『九州の古代文化』六興出版、1969年)
(101) 北有馬町教育委員会編・刊『国指定史跡原山支石墓群環境整備事業報告書』1981年
(102) 同上
(103) 旭志村教育委員会編『藤尾支石墓群』熊本県、1969年
(104) 707基の内訳は、福岡県糸島地方85基、糸島地方を除く福岡県内23基、佐賀県唐津地方81基、佐賀県佐賀平野164基、長崎県内260基、鹿児島県・山口県内14基〈各論(資料編)の各地方別後記の「支石墓遺跡所在地一覧表」参照〉したがって、1割程度の完形支石墓データでわが国全体の支石墓の構造を論じ

ることは余りにも無謀であり、以下の考察はあくまでも参考程度と考えるべきである。
(105) 藤尾支石墓の石囲い構造については、前述のとおり甲元氏らは配石構造との異見あり。
(106) 小川内では、上石や蓋石及び側壁石も総て地元で取れる砂岩を利用し、かつまた各1枚の板石はほぼ同じ厚さである。さらに墓壙を深くするため、床の岩盤の砂岩層を最大のものは30センチ程も掘削している点などから、金属（？）による加工の可能性もあると思われる。
(107) 宮本一夫「中国東北地方の支石墓」（『東アジアにおける支石墓の総合的研究』九州大学考古学研究室、1997年）
(108) 正林護「西北九州の板石積石室」（『古文化談叢』第30集上、九州古文化研究会、1993年）

掲載図出典
図11　上峰町教育委員会編『船石遺跡』佐賀県上峰町教育委員会文化財調査報告書、1983年
図12　木下之冶『新郷土301号』1974年
図13　福岡県教育委員会編『「曲り田遺跡」今宿バイパス関係埋蔵文化財調査報告書』1983年
図14　佐賀県教育委員会編『礫石Ｂ遺跡』佐賀県文化財調査報告書第第91集、1989年
図15　図14に同じ
図16　上峰町教育委員会編『船石遺跡』佐賀県上峰町教育委員会文化財調査報告書、1983年
図17　佐賀県教育委員会編『久保泉丸山遺跡』佐賀県文化財調査報告書第84集、1985年
図18　森貞次郎「日本における初期の支石墓・狸山支石墓」（『九州の古代文化』六興出版、1969年）
図19　原田邦弘「長崎県小川内支石墓発掘調査報告」（『古文化談叢第5集』1978年）
図20　旭志村教育委員会編『藤尾支石墓群』熊本県、1964年
図21　諫早市教育委員会編『風観岳支石墓群調査報告書』諫早市文化財調査報告書第1集、1976年
図22　熊本県文化財保護協会編『梅ノ木遺跡』熊本県文化財調査報告書第62集、1983年
図23　志摩町教育委員会編『新町遺跡』志摩町文化財調査報告書第7集、1987年
図24　前原市教育委員会編「長野宮ノ前遺跡の調査」（『永野川流域の遺跡墓群』前原市文化財調査報告書第31集、1989年）
図25　原田大六『日本古墳文化』三一書房、1975年
図26　文化財保護委員会編編『志登支石墓群』埋蔵文化財発掘調査報告第4集、1956年
図27　福岡県教育委員会編『三雲遺跡』福岡県文化財調査報告書第58集、1980年
図28　宮本一夫編『佐賀県大友遺跡―弥生墳墓の発掘調査』九大考古学研究室、2003年
図29　松尾禎作「葉山尻支石墓群」（『北九州支石墓の研究』1957年）
図30　九大考古学研究室「佐賀県・森田支石墓の調査」（『東アジアにおける支石墓の総合的研究』1997年）
図31　佐賀県教育委員会編『久保泉丸山遺跡』佐賀県文化財調査報告書第84集、1985年
図32　上峰町教育委員会編『船石遺跡』佐賀県上峰町教育委員会文化財調査報告書、1983年
図33　李相吉「韓国・昌原徳川里遺跡発掘調査概要」（『古文化談叢第32集』1994年）
図34　鹿町町教育委員会編『大野台遺跡』長崎県鹿町町文化財調査報告書第1集、1983年
図35　北有馬町教育委員会編・刊『国指定史跡原山支石墓群環境整備事業報告書』1981年
図36　旭志村教育委員会編『藤尾支石墓群』熊本県、1969年
図37　同上
図38　九大考古学研究室「佐賀県・森田支石墓の調査」（『東アジアにおける支石墓の総合的研究』1997年）

太田　新（おおた・あらた）　1929年生まれ。福岡県田川郡出身。法政大学法学部卒業。1955年，RKB毎日放送株式会社入社。1985年，同社勇退後，考古学の研究に専念。現在九州考古学会，筑紫古代文化研究会会員。元九州大学考古学研究室支石墓研究会会員。

日本支石墓の研究
第1部　支石墓の概要

■

2014年5月15日　第1刷発行

■

著者　太田　新
発行者　西　俊明
発行所　有限会社海鳥社
〒812-0023 福岡市博多区奈良屋町13番4号
電話092(272)0120　FAX092(272)0121
http://www.kaichosha-f.co.jp
印刷・製本　大村印刷株式会社
ISBN978-4-87415-909-5
［定価はケースに表示］